运动健身丛书

太极拳

TAIJI
QUAN

孙永武 编著

海峡出版发行集团 | 福建科学技术出版社

图书在版编目（CIP）数据

太极拳 / 孙永武编著 . — 福州：福建科学技术出版社，2013.10（2019.4 重印）
（运动健身丛书）
ISBN 978-7-5335-4348-8

Ⅰ . ①太… Ⅱ . ①孙… Ⅲ . ①太极拳－基本知识 Ⅳ . ① G852.11

中国版本图书馆 CIP 数据核字（2013）第 191662 号

书　　名	太极拳
	运动健身丛书
编　　著	孙永武
出版发行	福建科学技术出版社
社　　址	福州市东水路 76 号（邮编 350001）
网　　址	www.fjstp.com
经　　销	福建新华发行（集团）有限责任公司
印　　刷	日照教科印刷有限公司
开　　本	700 毫米 ×1000 毫米　1/16
印　　张	8.25
图　　文	132 码
版　　次	2013 年 10 月第 1 版
印　　次	2019 年 4 月第 4 次印刷
书　　号	ISBN 978-7-5335-4348-8
定　　价	29.80 元

书中如有印装质量问题，可直接向本社调换

前言
PREFACE

太极拳是中华武术的重要组成部分,它不仅是重要的健身运动方式,也是高雅的文化活动。太极拳由于其独特的健身功能,在我国有着深厚的群众基础,是我国普及度最高的群众性体育项目之一。当前,越来越多的人开始关注自己的健康,从而兴起了一股全民健身的浪潮,太极拳满足了人们的这种需要。

目前太极拳类书籍虽不少,但主要是介绍各种套路,而介绍如何系统地由浅入深地学练并逐步掌握太极拳技能的图书尚不多见。《太极拳》一书就是为了更好地普及、推广、规范太极拳运动,满足太极拳爱好者对太极拳学习的需求而编写的一本通俗教材。本书针对太极拳爱好者的实际需要,根据作者多年从事武术竞赛、教学的经验,依据系统教学的原则,在太极拳的练习与运动技能形成的基本规律的基础上，从太极拳的基础知识到太极拳的基本技法、功法的要求，从怎样进行太极拳基本技法、功法的学练到初级套路练习等，由浅入深进行了系统讲解。

限于编者水平，文中难免存在错误和不足，恳请读者批评指正。

孙永武

目录
CONTENTS

一、太极拳概述

（一）太极拳基础知识 /2
（二）太极拳入门的基本要求 /3
    1. 学习太极拳的总体要求 /3
    2. 太极拳套路练习的基本要求 /4

二、太极拳基本技法

（一）身体姿势的基本要求 /10
    1. 头、颈 /10
    2. 胸、背 /10
    3. 腰 /10
    4. 脊 /10
    5. 臀 /11
    6. 上肢 /11
    7. 下肢 /12
（二）基本动作 /12
    1. 手型 /12
    2. 手法 /13
    3. 步型 /18
    4. 步法 /20
    5. 腿法 /25
    6. 身法 /26
    7. 眼法 /26

三、太极拳基本功练习

（一）桩功练习 /28
    1. 身型桩 /28
    2. 步型桩 /29
    3. 升降桩 /29
    4. 平动桩 /30
（二）手法基本功练习 /32
    1. 掤按练习 /32
    2. 搂推练习 /34
    3. 架推练习 /36

（三）步法基本功练习 /38
    1. 前进步练习 /38
    2. 退步练习 /40
    3. 侧行步（横步）练习 /42

（四）腿法基本功练习 /43

（五）太极拳单式基本功练习 /45
    1. 揽雀尾 /45
    2. 野马分鬃 /51
    3. 搂膝拗步 /54
    4. 左右穿梭 /56
    5. 云手 /58

四、八式太极拳套路图解

1. 卷肱势 /62
2. 搂膝拗步 /64
3. 野马分鬃 /65
4. 云手 /68
5. 金鸡独立 /71
6. 左右蹬脚 /72
7. 揽雀尾 /74
8. 十字手 /79

五、二十四式太极拳套路图解

1. 起势 /82
2. 左右野马分鬃 /82
3. 白鹤亮翅 /85
4. 左右搂膝拗步 /86
5. 手挥琵琶 /89
6. 左右倒卷肱 /90
7. 左揽雀尾 /93
8. 右揽雀尾 /96
9. 单鞭 /98
10. 云手 /100
11. 单鞭 /103
12. 高探马 /104
13. 右蹬脚 /105
14. 双峰贯耳 /106
15. 转身左蹬脚 /107
16. 左下势独立 /108
17. 右下势独立 /110

18. 左右穿梭 /111
19. 海底针 /113
20. 闪通臂 /114
21. 转身搬拦捶 /115
22. 如封似闭 /116
23. 十字手 /117
24. 收势 /118

附录

1. 王宗岳太极拳论 /120
2. 打手歌 /120
3. 十三势行功歌 /121
4. 杨澄甫太极拳之练习谈 /121
5. 杨澄甫太极拳术十要 /123

一、太极拳概述

(一) 太极拳基础知识

太极拳据考缘起于明末清初。《温县志》记载，陈王廷于明崇祯四年（1641）任温县乡兵守备，明亡后隐居在家乡。陈王廷是卓有成见的武术家，他研究道家的《黄庭经》，参照了戚继光的《拳经》创编了太极拳，初步形成了当时比较完整的太极运动体系。

太极拳的来源主要有以下三方面：

①综合了明代各家拳法。戚继光是明代著名武术家、抗倭名将，他总结和整理了明代16家民间著名拳法，并吸取了其中32势编成了32势长拳。陈王廷吸收了其中的29势编成太极拳。甚至陈氏的《拳谱》和《拳经总歌》的文辞也仿照戚氏的《拳经》，可见其影响之深。

②结合了古代导引、吐纳之术。太极拳讲究意念引导动作，气沉丹田，心静体松，重在内壮，把拳术中的手、眼、身、步的协调配合与导引、吐纳有机结合起来，这就使太极拳成为内外统一的拳术运动。

③运用了中国古代的中医经络学说和阴阳学说。太极拳结合经络学说，要求"以意引气，以气运身"，内气发源于丹田，以腰为主宰发力于全身。各式传统太极拳也皆以太极阴阳学说来概括和解释拳法中的各种矛盾。

太极拳在长期的发展变化中形成许多流派，其中流传较为广泛和特点较为显著的有陈式、杨式、吴式、孙式、武式等五式。

新中国成立后，太极拳运动得到了蓬勃的发展，从20世纪50年代开始，国家相关部门组织专家陆续编写出版了二十四式、八十八式、四十八式太极拳，又将传统的孙式、杨式、吴式、陈式太极拳整理出版。太极拳运动在国外也得到了广泛的传播。1989年，中国武术研究院编写了陈、杨、吴、孙等式太极拳和综合太极拳的竞赛套路，为太极拳进一步向世界推广，迈出了可喜的一步。

（二）太极拳入门的基本要求

1. 学习太极拳的总体要求

（1）注重基本功、基本技法练习，并贯穿于整个学习过程

太极拳教学过程中涉及的问题很多。首先是动作数量多；其次是动作的方向变化多；再次是动作所包含的因素多，外有手、眼、身、步的配合，内有精、气、意、劲的统一；最后是不同太极拳技法特点、演练风格的差异。因此，为了更好地学习、掌握太极拳，在学习套路之前，必须先学习太极拳的基本功、基本技法，为将来更深一步地学习与提高打下良好的基础。不论学习者自身水平的高低，在练习过程中都绝不能忽视基本功、基本技法的练习。这不仅仅是在学拳的初期，而且要贯穿于整个学习生涯的始终。抓好基本功、基本技法的练习，有助于练习者更好、更快地掌握太极拳的技术方法与特点，这是学习、练习太极拳套路、推手、技击的前提与保证，否则就似无根的浮萍，虚而不实。正如拳谚所说："练拳不练功，到老一场空。"太极拳的基本功、基本技法，包括桩功，基本手型、步型，基本手法、步法、腿法等。

（2）整套动作练习与单个动作、组合动作、分段练习相结合

从生理学、运动训练学的角度讲，运动技能的提高需要通过量的积累来实现。因此，通过完整的整套动作重复练习，保持适当的运动负荷是必需的、有效的。经常进行整套动作练习，一方面有助于练习者自身呼吸功能的提高；另一方面，通过整套练习，才能充分体验太极拳的松、静、自然，促进各动作之间的连贯、协调，使各单个动作结合成一个有机整体。通过不断的量的积累，方能达到质的提高。

太极拳套路一般由几十个动作组成，对于初学者来说，不应急于练习整套动作，因为其基本功不扎实，动作环节不固定，对正确动作的动力定型

尚未形成，一开始就练习全套动作，会破坏正确的动作结构，形成错误的动力定型，不利于动作的改进与提高。应耐心地学习太极拳的基本功、基本技法，先进行单个动作与技法的反复练习，完全掌握之后，再进行组合动作、分段动作的练习，以巩固正确的动作方法，进一步提高自身的身体功能，逐步过渡到全套动作的练习。

对于有一定基础的爱好者，可以全套动作练习为主，但对于太极拳中具有代表性的动作或整套练习中完成不好的动作，应抽出单练，提高基本技法和单个动作的质量，然后辅以组合动作及分段的细化练习，使太极拳中具有代表性的动作或整套练习中完成不好的单个动作、各相连动作局部的虚实变化和配合更加自然、协调，这样才能提高整套动作水平。

（3）强调内外兼修，突出太极拳的风格特点

太极拳是一种轻灵、柔和、缓慢、内外兼修的拳术。因此，在练拳过程中要把呼吸、意念与手、眼、身、步协调配合，强调内外联系，使内形于外，达到"筑其内，强其外"的目的。各式太极拳都有其自身不同的特点，因此在学习过程中，除掌握太极拳在呼吸、意念等内在要求和柔和、自然、徐缓的外部特征的一般规律外，还要在动作规格、运动方式、技法等方面充分体现各式太极拳的风格特点。

2. 太极拳套路练习的基本要求

（1）心静体松

"心静"和"体松"是练习太极拳最基本的心理和肢体要求，有利于练习者正确掌握手、眼、身、步的外部形态与意、气、力的内在要求的有效结合，提高锻炼的效果。

所谓"心静"，就是安安静静、平心静气的意思。即在练拳时，要求排除杂念，无论动作简单还是复杂，难度是高是低，心理上都要保持平静状态，这样就能意识集中、思绪专一，使精神能专注到每一个动作上，做到专心练拳。对一招一式虚实的转换、开合的变化等基本要领，都用心领悟，力求姿

势、动作方向、技法的正确，做到"去其轻浮刚猛之气，入于清静无为之域"。只有心静平和，注意力集中，才能做到以意为先，即所谓"先在心，后在身"。例如"搂膝拗步"，在做搂膝推掌时，结合动作及技击方法，用意识引导动作，这样的好处是注意力高度集中，使锻炼意识和锻炼身体有机结合起来，从而给大脑皮层以良好的刺激，使大脑功能得到有效锻炼。注意力集中，做到意动身随，才能使动作连贯、绵绵不断。这样，就可使全身上下、内外得到全面锻炼。

所谓"体松"，不是单纯指身体某一关节或肌肉的放松，而是指周身关节、肌肉处处放开，通过用意引导全身关节和肌肉由僵变柔，避免无谓的紧张和不该用力的部位用力。同样，用力的部位也不得紧张僵硬，而是保持自然舒展，使肌肉运转灵活，劲力发放自如。当然，所谓"体松"并不等于松懈、散乱，而是要松而不懈、松而不散。

心静与体松密切相关：心静则能体松，反之肢体就会僵硬；体不松，则心也不能静。同时，体松与身灵、步稳也很密切。体不松，肌肉就会紧张，身体就不能轻灵自如。只有达到体松，才能保证姿势正确、周身协调、动作舒展，才能做到轻柔稳固、运转自如。

（2）连贯圆活

所谓"连贯"，就是指拳势之间动作要连贯，绵绵不断，节节贯穿，不停不滞，一气呵成。动作之间的衔接必须连贯一气，不能有明显的停顿或断劲。练拳时，运行自始至终如抽丝，绵绵不断如圆环，处处无折断，好似长江大海，滔滔不绝，行如流水。一个动作的结束就是下一个动作的开始，不仅要有承上启下之意，还要有连贯无隙之形，势势不断，招招相连，形成一个有机整体。如"搂膝拗步"接"手挥琵琶"，在搂膝推掌的动作完成后，微微一沉，在似停非停之际，立即接"手挥琵琶"的动作，动作衔接连贯自然，行如流水，所谓"劲断意不断，意断神可接"就是这个道理。

所谓"圆活"，就是指练拳时肢体动作处处以圆圈或弧形相连，灵活自然。太极拳要求肢体按照一定的曲线运行，而且要求肢体形态也要处处是圆。例如，手臂要求成自然弯曲状态。运行时，以腰椎旋转带动四肢做弧形运动，做到"曲中求直"。正如《太极拳论》所讲"至于手足运动，不外一圈，绝无直来直去"，弧形运动则柔活自如，绵绵不断，弹性自生，使血气调顺。因此，练拳过程中，肢体切不可僵直或死弯，以使动作轻灵、含蓄、圆活自如。

（3）稳柔缓匀

所谓"稳"，就是稳健。练拳时要虚领顶劲，体正气沉，步似猫行。动作的进退转换、虚实变化要轻柔、沉稳。所谓"柔"，就是指动作过程要轻灵、柔和，不僵不滞。所谓"缓"，就是动作速度要缓慢，要求慢中求功，但要做到缓而不滞。只有慢，才能更好体会手、眼、身、步、意、气、力的内外协调统一。所谓"匀"，就是练拳时全套动作的整体速度均匀，不能忽快忽慢，要保持适当的匀速运动。

稳、柔、缓、匀在练拳过程中并不是孤立分开的，而是协调统一的，是作为一个整体贯穿于练习的全过程。因此，这就要求在动作做到轻柔、缓慢的前提下，掌握好适当的匀速运动，使整个动作过程轻灵、沉着、稳健。

（4）上下相随

所谓"上下相随"，不仅是指上肢、下肢及躯干的协调配合，还应包括手、眼、身、步及意、气、力的整体配合。在练习过程中，腰是运动的主宰。首先通过腰部旋转带动躯干，再由躯干带动四肢的运动，并使手脚的动作与眼神相互结合，做到"一动无有不动"。如在做"左搂膝拗步"时，开步与上体微转相一致；推掌时眼随手动，同时与搂手进身协调一致，就能达到全身的协调与完整。

（5）虚实分明

"虚实分明"是太极拳运动的主要特点之一。在太极拳练习中，虚实的变化始终伴随着动作运动而存在。这里讲的虚实分明，从两个方面来体现：首先是身体重心的转换要虚实分明，如重心在左腿，则左腿为实，右腿为虚；重心在右腿时，则右腿为实，左腿为虚。在重心转换时，应先稳定住重心，再慢慢地平稳转移，使虚实的变化清楚、自然、柔和。其次是肢体动作配合意念来体现虚实。如在做"搂膝拗步"时，意在右手，则右手为实，左手为虚。

要做到虚实的变化，既要清楚分明，又要连绵不断，主要应注意肢体动作的运动要自然、舒松、柔和，转换要轻灵、含蓄。只有在稳、柔、缓、匀的前提下运动，虚实变化才能体现出动中有静、静中有动、虚中有实、实中有虚、柔中带刚、刚中带柔的意境，使整个动作绵绵不断如抽丝，势势相承，在运动变化中形成一个有机的整体。

（6）内外合一

所谓"内外合一"，就是指意识、呼吸等内在活动与肢体动作等外部形态相结合。

首先，意识与动作相结合。太极拳运动强调"以意为先"，要求"先在心，后在身"。这就是说，太极拳的一招一式、一举一动都是以意识引导动作，意在哪里，手足就要运行到哪里。在未动之前先想动作，随想随做，连绵不断，这就使意识与动作结合起来，动作则轻灵、柔和，如凭着力气去驱使肢体运动，动作则僵硬迟滞、拖泥带水。意识与动作相结合，还包含意识与动作技击方法的结合，就是在练习中，根据每个动作的技击含义，通过意念，引导肢体的运动变化及劲力的转移，使意形并重，身心合一。在练拳过程中，意念的活动要体现在若有若无之间，切不可过于用意于某一部位，而对全身照顾不周，影响了动作的整体配合。

其次，呼吸与动作相结合。练习太极拳时，要求呼吸细、匀、深、长，动作与呼吸要自然配合。一般来讲，呼吸与动作的配合是有一定规律的，在练拳过程中，呼吸与动作的配合需要一个锻炼的过程。呼吸与动作的配合要自然。首先动作要稳、柔、缓、匀，其次呼吸要细、匀、深、长，切不可急呼急吸或憋气练习动作。对于初学者来讲，呼吸与动作的配合应循序渐进，练习时不可勉强用一呼一吸去完成一个动作。因为太极拳的动作速度缓慢，运行路线及时间较长，一次呼吸完成动作会产生憋气现象，可适当用自然呼吸或分二次均匀呼吸。否则，憋气使胸腔紧张，压迫内脏，气息就不能正常运行，容易产生头晕，同时也不利于动作的练习。当然，呼吸与动作的配合，不能仅靠增加呼吸的次数来解决，而是要根据太极拳自身运动的规律长期练习，通过呼吸功能的改善、肺活量的增加，使呼吸细、匀、深、长，达到自然，最终使动作与呼吸达到协调配合。

　　意识、呼吸、动作三者在太极拳练习过程中不是孤立分开，而应是协调统一的。具体讲，就是"以意导体，以体导气"，即练拳时要集中精神，以意识引导动作，以动作配合呼吸，使三者结合为有机整体，使身体内外得到全面锻炼。

二、太极拳基本技法

（一）身体姿势的基本要求

1. 头、颈

头部自然上顶，要求头顶部的百会穴向上轻轻顶起，下颌微收，颈部自然竖直，避免颈部肌肉僵硬。头部不得左右歪斜或摇晃，顶颈不得过分用力，要有自然虚灵之意，即"虚领顶劲"。做到虚领顶劲，精神则放松。头颈要与身体姿势和动作方向的路线与变化协调一致，面部须自然，注意力集中。

2. 胸、背

太极拳练习要求胸、背舒松自然，胸廓微向内虚含，避免胸部外挺。挺胸则气涌于胸，脚步虚浮，但胸部也不可过于内敛；背部肌肉亦应自然舒展，保持上体自然正直。二者统一则可做到含胸拔背，从而避免胸肋肌肉的紧张，使得呼吸顺畅。

3. 腰

腰为全身动作之枢纽、力量之源，对全身动作的变化起主导作用。太极拳动作的进退、旋转、虚实变化等全靠腰劲贯穿。因此，练拳时腰部需向下松垂，不得前挺或后弓。松腰不仅可帮助沉气，使下肢稳固，更主要的是有助于带动四肢的活动及保持动作的完整性。

4. 脊

脊柱保持中正竖直，不可左右歪斜或前挺后弓。

5. 臀

太极拳练习要求"敛臀"。即在含胸拔背和松腰的基础上使臀部稍向内收，要求放松臀部、腰部肌肉，使臀肌向外下方舒展，然后轻轻向前、向里收敛，以维持尾闾与脊椎成一条直线，处于中正状态，使上体保持自然安舒，避免臀部凸出或左右扭动，但也不可使胯、裆部前挺。对身型总的要求是：虚领顶劲，含胸拔背，松腰敛臀，圆裆开胯，沉肩坠肘，尾闾中正。

6. 上肢

（1）肩

两肩务必要松开，自然下垂，切忌耸肩，否则气息上浮；亦不可使肩部前扣或后展，手臂的动作轻而不浮，沉而不僵，灵活自然。

（2）肘

太极拳练习要求在沉肩时肘部向下松垂，两臂自然弯曲，两臂由于肩、肘的松垂会有一种沉重的内劲感，这就是上肢内在的遁劲。肘部应自然与肋部保持一定距离，不能紧贴躯干。肘的下垂与两臂微曲要有向里的裹劲，即所谓的"曲中求直，蓄而后发"。

（3）手

要求舒指坐腕：舒指是指掌指自然分开伸展，不可僵挺；坐腕是腕关节向手背侧自然屈起。掌、腕应与肢体动作协调一致，运动时，腕部应柔活、有韧性地运转。舒指坐腕，实际是将周身劲力通过"根在脚，发于腿，主宰于腰，形于手指"，使动作浑然一体。

对上肢动作的总体要求是：沉肩坠肘，使肩关节、肘关节放松，双臂自然微曲，手、肘、肩要随动作的变化协调一致。肩部不可随上肢的动作而摇转挺缩，动作之间的连接要松或自然，连绵不断，使运动如抽丝，不可突然断劲。

7. 下肢

（1）胯

胯要松开，不可僵挺或左右突出。

（2）膝

膝部的曲伸要自然柔和，不可硬挺僵直。

（3）腿

两腿微屈，不可死弯，运动要轻柔缓稳，虚实分明。

对下肢动作的总体要求是：松胯屈膝，两脚要像猫行一样轻起轻落，既缓又匀，又稳又静。步法的进退变化要虚实分明，使下肢动作轻、稳、缓、匀、柔、灵。下肢虚实转换的变化，应与整个动作协调配合，步法的移动不可抬脚过高。双腿动作如抽丝一样缓而不躁，需有轻灵的感觉，以免重心的移动重滞。

（二）基本动作

1. 手型

（1）拳

五指卷曲，自然握拢，拇指置于食指和中指第二指节上，拳面要平，拳要松握，力要含蓄，拳背应与小臂平直，不可翘腕或屈腕。（图2-2-1）

【易犯错误】
①握拳太紧。
②拳背未与小臂平直，腕关节上翘或屈曲。

图2-2-1

（2）掌

五指自然分开，虎口成弧形，掌指关节不可僵挺，手指要舒展，不要外挺或屈曲松软。（图2-2-2）

【易犯错误】

①五指未自然分开，手指过度伸张或并拢。

②手指屈曲过大，手掌成勺状。

图 2-2-2

（3）勾

五指微曲，指尖捏拢，屈腕，勾尖向下，手指与腕部松活自然，成勾状。（图2-2-3）

【易犯错误】

①五指虽捏拢，但手指僵硬挺直。

②腕部未做到松活自然，勾尖向前，形成坐腕。

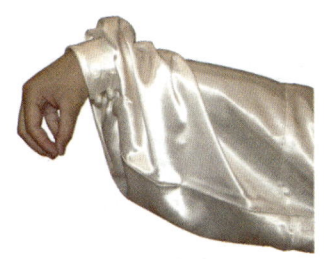

图 2-2-3

2. 手法

（1）掤

上体直立，右腿支撑屈膝下蹲，左脚跟提起，脚尖着地，同时双手掌心相对抱于胸前，右手在上，左手在下，成丁步抱球势。随即左脚向左前方上步，脚跟着地，脚尖翘起成左虚步，随右腿蹬伸，重心逐渐移至左腿，左脚全脚掌着地踏实，屈膝前弓，右脚跟以脚前掌为轴蹬伸，成左弓步。随重心左移的同时，左臂半屈向左前上方弧线掤于体前，腕关节与胸相对，掌心向内，指尖向右；右手同时向下按至胯前，掌心向下，指尖向前。眼看左手。（图2-2-4~6）

【技术要点】

前手掤、后手按动作与前移重心成弓步要协调一致，同时运行到位，不

图 2-2-4　　　　　图 2-2-5　　　　　图 2-2-6

可出现前后手有先有后的运行状态。

【易犯错误】

①前手掤出时，耸肩，手臂过于伸展，上体随掤而侧身转体。

②后手下按时，未放置于胯前，而是按至身后。

（2）捋

左弓步预备，左臂微曲前伸，高与肩平，掌心斜向下，指尖斜向前上方；右手微曲置于左肘下侧，掌心向上，指尖向前上方。随即左腿蹬伸，右腿屈膝后坐，左腿全脚掌着地；同时上体微右转，双手弧线运动向下、向右成捋势。（图2-2-7~9）

图 2-2-7　　　　　图 2-2-8　　　　　图 2-2-9

【技术要点】

双手下捋与重心后移、转体协调一致，手随身动，捋时，双臂应微曲，不可僵直。

【易犯错误】

①捋时，双手未随重心后移，上体右转时双手并非弧线运动向下、向右成捋势，而是直线向下拉拽。

②重心后移时，上体未保持正直，向后仰身。

（3）挤

右腿屈蹲，左腿全脚掌着地。左手屈臂横于胸前，掌心向内；右手掌心向前，指尖向上按于左腕内侧。随即右腿蹬伸，重心前移，左腿屈膝半蹲成弓步，双手同时用力向前挤出，高不过肩，低不过胸。（图2-2-10~11）

图 2-2-10

图 2-2-11

【技术要点】

挤时，随重心前移成弓步，后手催前手向前挤出，上体保持正直，不得耸肩弓背。

【易犯错误】

①挤时，前手臂肘关节屈曲度较小，手臂过于前伸或僵直，造成上体前倾，肩部紧锁。

②挤时，未与重心前移成弓步同步运行，上下肢配合不协调。

（4）按

右腿屈蹲，左腿脚跟着地成左虚步。双臂屈肘立掌置于胸前，掌心斜向前方；随重心前移成左弓步，双手用力向前按出，掌心向前，指尖向上，高不过肩，低不过胸。（图 2-2-12~13）

图 2-2-12

图 2-2-13

【技术要点】

收掌与重心后移成虚步、按掌与重心前移成弓步应协调一致。向前按掌时，两肘微屈下沉，肩部松沉。

【易犯错误】

①掌置于胸前时，易挺胸耸肩或塌腰弓背。

②按掌时，双臂紧张，肘关节僵直。

③双手弧线运行，前按形成上挑。

④按掌时，未与重心前移成弓步同步运行，上下肢配合不协调。

（5）冲拳

拳心向上抱于腰际，冲拳时随小臂内旋向前打出，高与胸平，力达拳面；拳眼向上为立拳，拳心向下为平拳（详见二十四式太极拳"转身搬拦捶"）。

【技术要点】

冲拳与重心前移成弓步应协调一致，同步到位。

【易犯错误】

①预备抱拳于腰间时，拳心未朝上；冲拳时，拳自腰间到目标不是直线，而是弧形打出。

②冲拳时，肘关节屈曲度过大或僵直。

③冲拳时，未与拦掌、重心前移成弓步同步运行，上下肢配合不协调。

（6）推掌

掌从胸前或肩部向前推出，掌心向前，指尖向上，与肩同高（详见二十四式太极拳"左右搂膝拗步"）。

【技术要点】

推掌与转身、搂手、重心前移成弓步应协调一致，同步到位。

【易犯错误】

①推掌时，肘关节屈曲度过大或僵直。

②推掌时，未与搂手、重心前移成弓步同步运行，上下肢配合不协调。

（7）抱球

一手臂微屈成弧形伸于体前，与肩同高，手心向下，手臂与躯干成圆形；另一手臂微屈置于腹前，手心向上。（图 2-2-14）

【技术要点】

上体舒松中正，双臂微曲，两手心相对，肩部松沉。

【易犯错误】

①上手臂屈曲度过大，小于 90°，肩关节打开，手臂外展，大臂与躯干成直线。

②下手臂夹臂，紧贴躯干。

③动作紧张时，手臂僵硬，耸肩抬肘；动作松懈时，松指、屈腕。

图 2-2-14

（8）云手

两掌在体前交叉依次由内向外，左手逆时针、右手顺时针划立圆，手高不过头，低不过裆；两掌经过面部时掌心向内，经过裆部时掌心斜向下（详见二十四式太极拳"云手"）。

【技术要点】

云手时，应与转身协调配合，双手臂保持半圆形，不可过于直臂或屈臂。

【易犯错误】

①云手时，腰部无旋转，双手孤立摆动。

②身手配合不协调，扭腰摆臀。

③屈臂过大，手离头过近，或手臂僵直，高过头顶。

3. 步型

（1）弓步

两腿前后分开，前腿屈膝，脚尖向前，膝的垂直立面不得超过脚尖；后腿自然伸直，脚尖内扣、斜向前45°~60°，全脚掌着地，两脚跟横向距离15~20厘米。（图2-2-15）

【易犯错误】

①前弓腿脚外展或内扣。

②前弓腿屈膝过大，膝的垂直立面超过脚尖。

③后蹬腿弯曲或僵直，脚尖外展超过60°。

④两脚横向距离过窄或站于同一直线上。

图2-2-15

（2）虚步

后腿屈蹲为支撑腿，全脚掌着地，脚尖外展约45°，大腿略高于水平线，臀部与后脚跟保持垂直；前腿微屈，脚尖点地（图2-2-16），或脚后跟着地，脚尖上翘（图2-2-17）。

【易犯错误】

①身体不正直，顶胯则上体向后仰；翘臀则上体前倾，重心前移。

②两腿夹紧，支撑腿踝关节扭转。

图 2-2-16　　　　　图 2-2-17

（3）丁步

一腿屈蹲支撑，全脚掌着地，脚尖外展约45°，大腿略高于水平线，另一腿置于支撑腿脚踝内侧，脚尖点地。（图2-2-18）

【易犯错误】

①下肢未做到圆裆开胯，两腿过于紧张夹紧或外展。

②丁字腿侧脚与支撑腿分离较大，脚尖未置于支撑腿脚踝内侧。

图 2-2-18

（4）仆步

一腿屈膝全蹲，臀部贴近小腿，全脚掌着地，膝与脚尖微外展；另一腿向体侧伸直，全脚掌着地，脚尖内扣。全蹲腿与平铺腿之间的夹角应略大于90°。（图2-2-19）

【易犯错误】

①身体不中正，上体前伏。

②全蹲腿内扣，全蹲腿与平铺腿之间的夹角小于90°。

以上步型均要求上体保持自然中正，含胸拔背，松腰敛臀，髋关节不得僵缩，腿绷住劲，气息下沉。

图 2-2-19

4. 步法

（1）上步

以右丁步预备为例：左腿微抬，随即小腿向前伸出，脚跟着地，随右腿蹬地，重心前移，左脚全脚掌着地成左弓步。上步时，两脚不可在同一直线上，横向距离 10~15 厘米。（图 2-2-20~22）

图 2-2-20　　　　图 2-2-21　　　　图 2-2-22

【技术要点】

前腿伸出时，重心始终在支撑腿，至脚跟着地落稳后，再随后腿蹬地，重心前移，重心的移动应缓慢柔和。

【易犯错误】

①重心随前腿伸出时前移，以至于重心移动不平稳，虚实不分明。

②上步时，两脚在同一直线上。

③上步时，上体前俯，夹裆突臀。

④上步时挺胯，上体后仰。

（2）进步

以左弓步预备为例：左腿蹬地，重心后移，身体后坐，重心移至右腿，随即左脚尖外展，同时上体微向左转身，左腿屈膝，全脚掌着地，重心前移至左腿，右脚缓慢收至左脚内侧，脚尖点地成丁步。（图2-2-23~26）

图 2-2-23

图 2-2-24

图 2-2-25

图 2-2-26

【技术要点】

重心的前后移动要平稳，虚实要分明，重心不得忽高忽低，转身时，肩胯以腰为轴同时转动，上体不得扭转。

【易犯错误】

①重心移动时忽高忽低，上体随重心的前后移动而前俯后仰。

②后腿回收时，由于重心的不稳定而收脚过快。

（3）跟步

以左弓步预备为例：右腿蹬地，重心前移至左腿，右脚向前回收半步，脚尖外展，先前脚掌着地，随即重心移至右腿，全脚掌着地。（图2-2-27~28）

图2-2-27

图2-2-28

【技术要点】

右脚跟步时，前脚掌先着地，然后随重心后移的同时全脚掌着地，重心的移动与落脚要协调配合。

【易犯错误】

①重心前移时上体未保持正直，上体随重心的前移而前俯。

②后腿回收距离过大，与前脚距离太小或紧贴前脚。

（4）退步

以右虚步预备为例：右脚轻轻抬起向后撤一步，先以前脚掌着地，全脚慢慢落实，脚尖外展，同时重心移至右腿；左脚随重心后移，上体向右转体的同时以脚前掌为轴转正成左虚步。（图2-2-29~31）

图2-2-29　　　　　　图2-2-30　　　　　　图2-2-31

【技术要点】

退步时，重心移动应与转身、前脚掌的扭转协调配合，不可脱节；向后撤步时，上体保持中正，不得前俯。

【易犯错误】

①退步两腿交叉时上体歪扭、摇晃。

②重心移动不平稳，落脚沉重。

③退步时，先后移重心，再转身把前脚转正，使得动作脱节。

（5）侧行步（横步）

两腿屈膝半蹲，左脚向左侧伸出，前脚掌着地，随即右腿蹬地，左脚全脚掌着地，随即重心移至左腿；右脚回收至左脚内侧，前脚掌着地，逐渐过渡到全脚掌着地。（图2-2-32~35）

【技术要点】

步法移动时，身体重心要稳定，不可忽高忽低，两脚落地时，均先前脚

图 2-2-32

图 2-2-33

图 2-2-34

图 2-2-35

掌落地、再全脚掌落地踏实。

【易犯错误】

①步法横向移动时，身体不平稳，重心移动高低起伏。

②向侧方迈步时，伸腿不自然，膝关节僵直或屈曲。

以上各种步法，均要求进退转换轻灵稳健，虚实分明，重心移动要平稳，不可忽高忽低。前进时以脚跟先着地，然后随重心转移逐渐移至全脚掌着地；退步时，重心在支撑腿，另一脚前脚掌着地，然后随重心后移逐渐过渡到全脚掌；横步时落脚，先落脚尖，然后脚掌依次着地。膝关节随重心的移动而柔和运动，不可僵挺。各种步法的动作均不可抬腿（脚）过高。

5. 腿法

（1）分脚

支撑腿微屈站立，另一腿屈膝抬起；小腿以膝关节为轴慢慢上摆伸直，脚面绷平，脚高过腰部。（图 2-2-36）

【技术要点】

由屈膝到分脚的过程应柔和缓慢，力达脚尖。上体不可随分脚动作而后仰。

【易犯错误】

①分脚时，膝关节屈曲，腿未伸直，脚面未绷平。

②支撑腿弯曲过大，上体侧倾。

图 2-2-36

（2）蹬脚

支撑腿微屈站立，另一腿屈膝抬起；小腿以膝关节为轴慢慢向上蹬出，勾脚尖，脚高过腰部。（图 2-2-37）

【技术要点】

由屈膝到蹬脚的过程应柔和缓慢，力达脚跟。上体不可随蹬脚动作而后仰。

【易犯错误】

①蹬脚时，膝关节屈曲，腿未伸直，脚尖未勾起。

②支撑腿弯曲过大，上体侧倾。

图 2-2-37

6. 身法

练拳时，身体要保持中正安舒，不可偏斜或俯仰，身体的移动要自然安稳，不可忽起忽落。动作应以腰为轴带动四肢，使劲力生于根，发展于腿，主宰于腰，形于手指。以腰发力，传于肩，肩催肘，肘催手，使之上下相随，虚实分明，整个身体动作旋转灵活，舒展大方，浑然一体。

7. 眼法

练拳时，要思想集中，意念引导。眼神为内心意识的表现，运动时，要手眼相随。定势时，要目随势注，眼平视前方或注视两手；动势时，应与手法、步法、身法协调配合，势动神随，切忌怒目圆睁或散漫无神。

三、太极拳基本功练习

太极拳基本功的练习分为"型"和"法"两种。所谓"型"就是指身型、手型、步型等静态动作的外部形态；所谓"法"就是指身法、手法、步法、腿法等动态动作的方法。对于太极拳的初学者来说，"型"是基础，"法"是关键。因此，太极拳基本功的练习主要分为两个阶段，第一阶段是桩功和定势的静态练习，主要是要求初学者了解太极拳的基本身体形态，掌握"型"的要求与动作规格，为"法"的练习打下良好的基础。第二阶段是单个动作、组合动作的技术方法的动态练习，这是太极拳学习的重点环节。通过第二阶段的练习，掌握太极拳动作方法的动作规格、路线等细部环节，掌握太极拳运动变化的基本规律，这是学习太极拳套路的重要保障。

"型"的基本功练习主要体现在桩功的练习。桩功通俗地讲分为两类：一是身型桩，通过桩功的练习，体会、规范太极拳身型的基本要求；二是步型桩，是在身型桩的基础上，进行太极拳基本步型的静态练习，使太极拳的身型和步型协调配合。"法"的基本功练习主要体现在身法、手法、步法、腿法等动态动作的方法的练习上。

通过不同的太极拳基本技术方法的练习，突出正确动作规格、运行路线及细部环节的准确性。

（一）桩功练习

1. 身型桩

两脚自然分开，与肩同宽，两脚平行向前，两腿屈膝微蹲，两臂向前平举，与肩同高，两手臂微屈成圆形，双手指尖相对，掌心向内。（图3-1-1）

【技术要点】

头正，颈直，下颌微收；沉肩坠肘，上体自然正直，含胸拔背，松腰敛臀。

图 3-1-1

【易犯错误】
①两脚不平行，脚尖外展；挺胸、挺腹、翘臀。
②两腿直立时，膝关节僵直。
③两腿屈膝半蹲时，膝关节内扣，膝关节与脚尖未处于同一垂直线上。

2. 步型桩

太极拳的步型有弓步、虚步、仆步、丁步等步型，步型桩就是依据上述步型进行站桩练习。在太极拳练习过程中，步型桩主要以弓步、虚步、丁步三种步型为主要内容。具体动作方法与要求详见"步型"。

3. 升降桩

①两脚并拢，身体自然直立，双手放于体侧，随即两脚自然分开，与肩同宽，身体直立，头正，颈直。（图3-1-2~3）

图 3-1-2　　　　　　图 3-1-3

②两手自体侧徐徐抬起，与肩同高、同宽，手心向下，指尖向前。（图3-1-4）

③随即双腿缓缓屈膝下蹲，同时双手随下蹲慢慢向下轻按至腹前，掌心向下。（图3-1-5）

④稍停,复徐徐起立,同时双手随重心上升缓缓抬起至与肩同高。(图3-1-6)

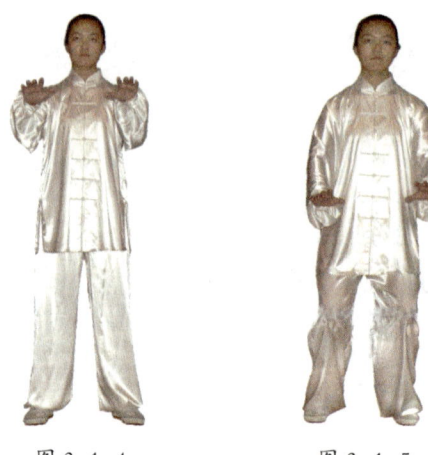

图 3-1-4　　　　　　图 3-1-5　　　　　　图 3-1-6

【技术要点】

双手的下按与抬升应与身体的起落一致,整个动作速度均匀、平稳、轻柔;双手下按时,掌心需向下。

【易犯错误】

①双手的下按、抬升与重心的降升不同步,上下肢配合不协调。

②重心下降时,双膝内合、臀部后翘。

4. 平动桩

平动桩是指根据虚实变化进行重心平稳移动的动态桩功练习,以左平动桩为例:

①丁步预备,身体微左转,左脚向左前方伸出,脚跟轻轻着地。(图3-1-7~8)

②随重心左移,左脚慢慢全脚掌着地踏实,右腿慢慢蹬直,成左弓步。(图3-1-9)

③左腿徐徐蹬伸,脚尖抬起,重心后移至右腿成左虚步。(图3-1-10)

图 3-1-7

图 3-1-8

图 3-1-9

图 3-1-10

【技术要点】

重心移动要平稳，不可高低起伏，速度要缓慢均匀，动作需轻柔；上体随重心前后移动，不可俯身或突臀。

【易犯错误】

①上体随重心的前后移动而俯仰。

②重心后移时翘臀或挺胯。

（二）手法基本功练习

1. 掤按练习

【预备势】

①两脚平行并拢，身体自然直立，双手自然下垂、轻贴大腿外侧，目视前方。（图 3-2-1）

②上体重心慢慢移至右腿，左脚跟轻轻抬起；随即左脚提起向左平行开立，与肩同宽，随之重心移至两腿之间；双手慢慢向前抬起，高与肩平，与肩同宽，双肩松沉，两肘微下垂，双手掌心向下，指尖向前，目视前方。（图 3-2-2~3）

③上动不停，两肘下沉，带动双掌向下轻按至两胯侧前方，双手掌心向下，指尖向前，目视前方。（图 3-2-4）

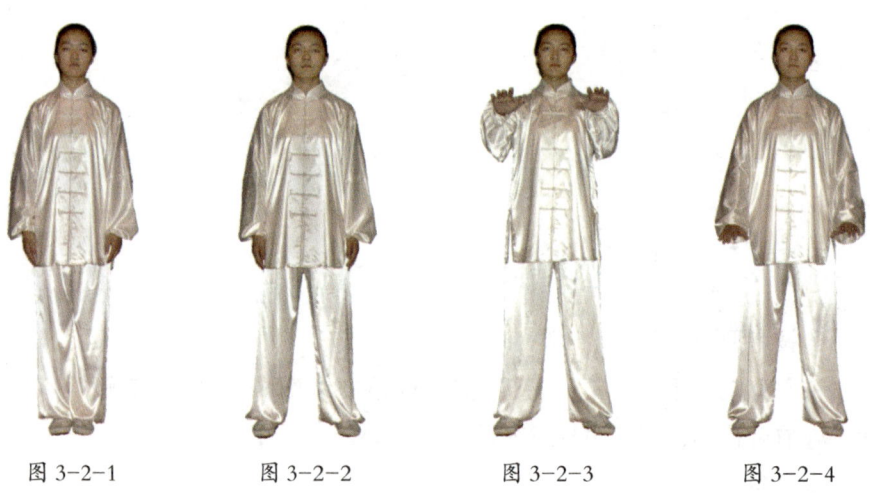

图 3-2-1　　　图 3-2-2　　　图 3-2-3　　　图 3-2-4

【动作】

①上体向右转，右臂抬起在胸前屈臂成圆，手心向下，指尖向前；左手外旋经体前屈臂抱于右腹前，手心向上，两手心相对成抱球状。（图 3-2-5）

②上体向左转正，左臂半屈向左前上方弧线掤于体前，腕关节与胸相对，掌心向内，指尖向右；右手同时向下按至胯前，掌心向下，指尖向前，眼看左手。（图3-2-6）

③上体左转，左臂内旋于胸前屈臂成圆，手心向下，指尖向前；右手外旋，经体前屈臂抱于左腹前，手心向上，两手心相对成抱球状。（图3-2-7）

④上体向右转正，右臂半屈向右前上方弧线掤于体前，腕关节与胸相对，掌心向内，指尖向左；左手同时向下按至胯前，掌心向下，指尖向前，眼看右手。（图3-2-8）

图 3-2-5

图 3-2-6

图 3-2-7

图 3-2-8

【技术要点】

前手掤、后手按动作与转身要协调一致，同时运行到位，不可出现前后手有先有后的运行状态。

【易犯错误】

①动作紧张时，前手掤出，耸肩，抬肘，手臂过于伸展，手指僵直。后手下按时，肘关节僵直，未放置于胯前，而是僵按至身后。

②动作松弛时，前手掤出，屈臂过大。后手下按时，屈臂后引，小臂与地面水平，双手指弯曲。

2. 捋推练习

【预备势】

同"掤按练习"。

【动作】

①上体右转，右手外旋转向右斜后方抬起，臂微曲，掌心斜向上；左手抬起，经胸前屈臂向右按落于右肋旁，掌心斜向下，眼看右手。（图 3-2-9）

②上体微左转，右臂屈肘、手收于右耳侧，掌心向前，指尖向上、高与耳齐；左手向下按至右腹前，掌心向下，指尖向右，眼看前方。（图 3-2-10）

图 3-2-9　　　　　　图 3-2-10

③上体继续转正,左手经腹前向左搂至左胯外前侧,掌心向下,指尖向前;右手向前方推出,掌心向前,指尖向上,目视前方。(图3-2-11)

④上体左转,左手外旋转向左斜后方抬起,臂微曲,掌心斜向上;右手抬起,经胸前屈臂向左按落于左肋旁,掌心斜向下,眼看左手。(图3-2-12)

图3-2-11　　　　　　　　　图3-2-12

⑤上体微右转,左臂屈肘、手收于左耳侧,掌心向前,指尖向上、高与耳齐;右手向下按至左腹前,掌心向下,指尖向左,眼看前方。(图3-2-13)

⑥上体继续转正,右手经腹前向右搂至右胯外前侧,掌心向下,指尖向前;左手向前方推出,掌心向前,指尖向上,目视前方。(图3-2-14)

图3-2-13　　　　　　　　　图3-2-14

【技术要点】

上体安舒自然，推掌、搂手与转身应协调一致、同步到位，两臂皆微曲成弧形。

【易犯错误】

①推掌时，肘关节屈曲度过大或僵直。

②推掌时，未与搂手转身同步运行，配合不协调。

3. 架推练习

【预备势】

同"掤按练习"。

【动作】

①上体微右转，右臂抬起在胸前屈臂成圆，手心向下，指尖向前；左手外旋经体前屈臂抱于右腹前，手心向上，两手心相对成抱球状。（图3-2-15）

②右手向下按至右侧腰间，掌心斜向下，指尖斜向上；左手向前、向上划弧抬至胸前，手心斜向下，指尖向右。（图3-2-16）

③上动不停，上体继续转正，左手内旋继续向上架于额前上方，掌心斜向上，指尖斜向右；右手微抬、向前推出，掌心向前，指尖向上，目视前方。（图3-2-17）

图 3-2-15

图 3-2-16

④上体左转，左臂下落在胸前屈臂成圆，手心向下，指尖向前，右手外旋经体前屈臂抱于左腹前，手心向上，两手心相对成抱球状。（图3-2-18）

图 3-2-17

图 3-2-18

⑤左手向下按至左侧腰间，掌心斜向下，指尖斜向上；右手向前、向上划弧抬至胸前，手心斜向下，指尖向左。（图3-2-19）

⑥上动不停，上体继续转正，右手内旋继续向上架于额前上方，掌心斜向上，指尖斜向左；左手微抬、向前推出，掌心向前，指尖向上，目视前方。（图3-2-20）

图 3-2-19

图 3-2-20

【技术要点】

架推与转身协调配合，推掌时应转身、顺肩、塌腕、舒指，不可挺胸。

【易犯错误】

①架掌时，肘关节屈曲过大，手背距头过近，或者未架于额前上方。

②推掌时未转身、顺肩，手臂僵直或过度弯曲。

（三）步法基本功练习

1. 前进步练习

【预备势】

①两脚平行并拢，身体自然直立，双手自然下垂、轻贴大腿外侧，目视前方。（图3-3-1）

②上体重心慢慢移至右腿，左脚跟轻轻抬起；随即左脚提起向左平行开立，与肩同宽，随之重心移至两腿之间；双手慢慢向前抬起，高与肩平，与肩同宽，双肩松沉，两肘微下垂，双手掌心向下，指尖向前，目视前方。（图3-3-2~3）

③两腿屈膝下蹲，同时，两肘下沉，带动双掌向下轻按至两胯侧前方，双手掌心向下，指尖向前，目视前方。（图3-3-4）

图3-3-1

图3-3-2

图3-3-3

图3-3-4

【动作】

①双手自体前转至身后，双手手背贴腰。随身体左转，左脚尖外展，身体侧向左前方；随重心移至左腿，右脚轻抬收于左脚内侧，脚尖着地，成丁步预备。（图 3-3-5）

②上体微右转，右腿轻抬，随即小腿向前伸出，脚跟着地。（图 3-3-6）

③随左腿蹬地，重心前移，右脚全脚掌着地成右弓步，两脚不可在同一直线上，横向距离 10~15 厘米。（图 3-3-7）

图 3-3-5

图 3-3-6

图 3-3-7

④右腿蹬地，脚尖抬起，重心后移，身体后坐，重心移至左腿。（图 3-3-8）

⑤随即右脚尖外展，同时上体微向右转身，右腿屈膝，全脚掌着地，重心前移至右腿。（图 3-3-9）

⑥左脚缓慢收至右脚内侧，脚尖点地成丁步。（图 3-3-10）

⑦左腿微抬，随即小腿向前伸出，脚跟着地。（图 3-3-11）

⑧随右腿蹬地，重心前移，左脚全脚掌着地成左弓步，两脚不可在同一直线上，横向距离 10~15 厘米。（图 3-3-12）

图 3-3-8

图 3-3-9　　　　　图 3-3-10　　　　　图 3-3-11　　　　　图 3-3-12

【技术要点】

前腿伸出时，重心始终在支撑腿，至脚跟着地落稳后，再随后腿蹬地，重心前移，重心的移动要平稳，虚实要分明，动作需缓慢柔和；转身时，肩胯以腰为轴同时转动，上体不得扭转。

【易犯错误】

①重心随前腿伸出时前移，以至于重心移动不平稳，虚实不分明。

②弓步时，两脚在同一直线上。

③重心移动时忽高忽低，上体随重心的前后移动而前俯后仰。

④后腿前收时，由于重心的不稳定而收脚过快。

2. 退步练习

【预备势】

同"前进步练习"。

【动作】

①双手自体前转至身后，双手手背贴腰。身体右转，右脚尖外展，身体侧向右前方；随重心移至右腿，左脚轻抬、前伸着地，成虚步预备。（图 3-3-13）

②左脚轻抬向后撤一步，先以前脚掌着地。（图 3-3-14）

③随重心移至左腿，左脚脚掌落地慢慢踏实，脚尖外展；随重心后移，上体向左转体，右脚同时以前脚掌为轴转正成虚步。（图3-3-15）

图 3-3-13　　　　　　图 3-3-14　　　　　　图 3-3-15

④右脚轻抬、向后撤一步，先以前脚掌着地。（图3-3-16）

⑤随重心移至右腿，右脚掌落地慢慢踏实，脚尖外展；随重心后移，上体向右转体，左脚同时以前脚掌为轴转正成虚步。（图3-3-17）

图 3-3-16　　　　　　　图 3-3-17

【技术要点】

退步时，重心移动应与转身、前脚掌的扭转协调配合，不可脱节；向后撤步时，上体保持中正，不得前俯。

【易犯错误】

①退步两腿交叉时上体歪扭、摇晃。

②重心移动不平稳，落脚沉重。

③退步时，先后移重心，再转身把前脚转正，使得动作脱节。

3. 侧行步（横步）练习

【预备势】

同"前进步练习"。

【动作】

①双手自体前转至身后，双手手背贴腰，随即左脚向左侧伸出，前脚掌着地。（图 3-3-18）

②随即右腿蹬伸，随重心左移，左腿屈曲半蹲，全脚掌着地。（图 3-3-19）

③右脚回收至左脚内侧，前脚掌着地，逐渐过渡到全脚掌着地。（图 3-3-20）

图 3-3-18　　　　　　图 3-3-19　　　　　　图 3-3-20

【技术要点】

步法移动时，身体重心要平稳，不可忽高忽低；两脚落地时，均先前脚掌落地，再全脚掌落地踏实。

【易犯错误】
①步法横向移动时，身体不平稳，重心移动高低起伏。
②向侧方迈步时，伸腿不自然，膝关节僵直或屈曲。

（四）腿法基本功练习

腿法练习包括蹬脚、分脚、拍脚、摆腿练习。蹬脚练习为基础套路基本功，故以下以蹬脚练习为例作介绍。

【预备势】

同"前进步练习"。

【动作】

①双手自下向内、向上环形，两腕相交抱于胸前，右手在外，左手在内，手心均向内，指尖斜向上方，沉肩坠肘，两手距胸前约20厘米；同时，重心移至左腿，右腿屈膝提起独立。（图3-4-1）

②右脚向右前上方蹬出，脚尖勾起，高与腰齐；同时双手臂微内旋，分别向左右立掌分出，指尖向上，右手在右腿上方，左手于身体左侧，双手臂微屈，眼看右前方。（图3-4-2）

③双手经体前下按至腹前，掌心向下，指尖向前；同时右脚落地，屈膝半蹲，双脚开与肩宽。（图3-4-3）

图3-4-1

图3-4-2

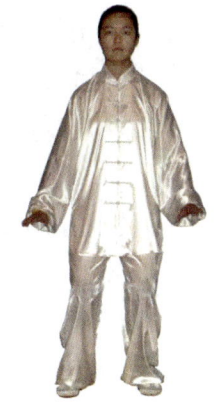

图3-4-3

④双手自下向内、向上环形,两腕相交抱于胸前,左手在外,右手在内,手心均向内,指尖斜向上方,沉肩坠肘,两手距胸前约20厘米;同时,重心移至右腿,左腿屈膝提起独立。(图3-4-4)

⑤左脚向左前上方蹬出,脚尖勾起,高与腰齐;同时双手臂微内旋,分别向左右立掌分出,指尖向上,左手在左腿上方,右手于身体右侧,双手臂微屈,眼看左前方。(图3-4-5)

⑥双手经体前下按至腹前,掌心向下,指尖向前;同时左脚落地,屈膝半蹲,双脚开与肩宽。(图3-4-6)

图 3-4-4

图 3-4-5

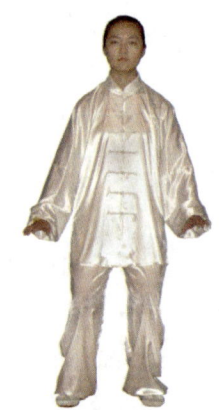
图 3-4-6

【技术要点】

①蹬脚与双掌向外分出应协调一致,同步到位。

②由屈膝到蹬脚的过程应柔和缓慢,力达脚跟。上体不可随蹬脚动作而后仰。

【易犯错误】

①蹬脚与双掌向外分出不一致,未同步到位。

②蹬脚时,由屈膝到蹬脚的过程膝关节伸展过快。

③蹬脚时,膝关节屈曲,腿未伸直,脚尖未勾起。

④支腿弯曲过大,上体侧倾。

（五）太极拳单式基本功练习

1. 揽雀尾

【预备势】

①两脚平行并拢，身体自然直立，双手自然下垂、轻贴大腿外侧，目视前方。（图3-5-1）

②上体重心慢慢移至右腿，左脚跟轻轻抬起；随即左脚提起向左平行开立，与肩同宽，随之重心移至两腿之间；双手慢慢向前抬起，高与肩平，与肩同宽，双肩松沉，两肘微下垂，双手掌心向下，指尖向前，目视前方。（图3-5-2~3）

③两腿屈膝下蹲，同时，两肘下沉，带动双掌向下轻按至两胯侧前方，双手掌心向下，指尖向前，目视前方。（图3-5-4）

图3-5-1　　　　图3-5-2　　　　图3-5-3　　　　图3-5-4

【动作】

①上体微向左转，重心移至右腿，随即左腿回收至右脚内侧，脚尖点地，成丁步；同时右臂抬起在胸前屈臂成圆，掌心向下，指尖向左；左手外旋经体前屈臂抱于右腹前，掌心向上，指尖向右，两手心相对成抱球状，目视左

前方。（图 3-5-5）

②上体左转，左腿向左前方上步，脚跟着地，脚尖翘起。随即右腿蹬伸，重心逐渐移至左腿，左脚全脚掌着地踏实，成左弓步。随重心左移的同时，左臂半屈向前上方弧线掤于体前，腕关节与胸相对，掌心向内，指尖向右；右手同时向下按至胯前，掌心向下，指尖向前，目视左手。（图 3-5-6~7）

图 3-5-5　　　　　图 3-5-6　　　　　图 3-5-7

③左臂微曲前伸，高与肩平，掌心斜向下，指尖斜向前上方；右手微曲臂置于左肘内侧下方，掌心向上，指尖向前上方。（图 3-5-8）

④左腿蹬伸，右腿屈膝后坐，重心移至右腿。同时上体右转，右手向下、向右捋至右侧上方，手高于肩，掌心斜向内，指尖斜向上；左手向下、向右捋至右侧胸前，掌心向内，指尖向右，目视右前方。（图 3-5-9~10）

图 3-5-8　　　　　图 3-5-9　　　　　图 3-5-10

⑤上动不停，上体左转，左手随转体屈臂横于胸前，掌心向内，指尖向右；右手随转体下落，向前按于左腕内侧，掌心向前，指尖向上。（图3-5-11）

⑥随右腿蹬伸，重心前移，左腿屈膝半蹲成左弓步，同时双手用力向前挤出，高不过肩，低不过胸。（图3-5-12）

⑦身型、步型不变，左手内旋向前伸出，同时右手内旋经左手背向右平抹，双手与肩同宽，手心向下，指尖向前，目视前方。（图3-5-13）

⑧左腿蹬伸，右腿屈蹲，重心后移，同时双臂屈肘收于胸前，掌心斜向前，指尖斜向上；上动不停，双手继续向下至腹前，掌心斜向前，指尖斜向上，目视前方。（图3-5-14~15）

⑨随右腿蹬伸，重心前移，左腿屈膝半蹲成左弓步；同时双手向前按出，掌心向前，指尖向上，高不过肩，低不过胸。（图3-5-16）

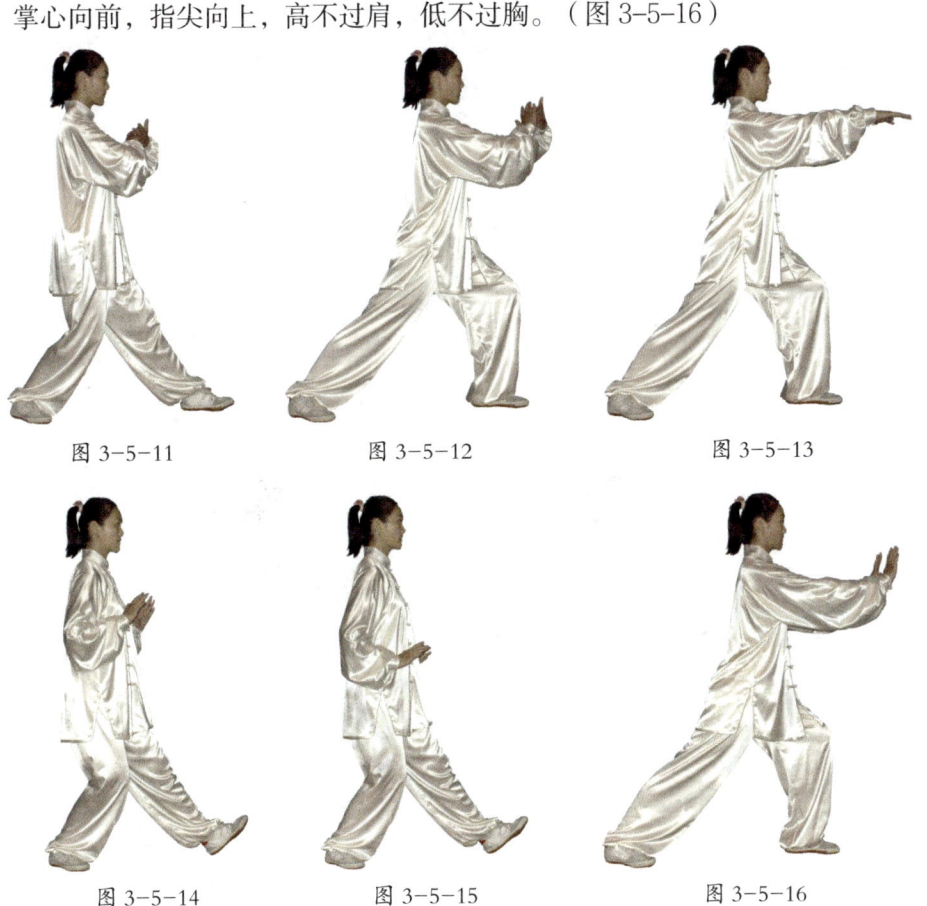

图 3-5-11　　　　　图 3-5-12　　　　　图 3-5-13

图 3-5-14　　　　　图 3-5-15　　　　　图 3-5-16

⑩上体不变，左腿蹬伸，重心后移，右腿屈膝半蹲，左脚尖抬起。随之上体右转，左脚尖内扣落地踏实；左手不动，右手经面前向右划弧至身体右侧前方。上动不停，上体微右转，重心移至左腿支撑，右脚收于左脚内侧，脚尖点地，成丁步。同时左手向右划弧在胸前屈臂成圆，掌心向下，指尖向右前方；右手外旋向下划弧经体前屈臂抱于左腹前，掌心向上，指尖向左，两手心相对成抱球状。（图3-5-17~19）

图3-5-17　　　　　图3-5-18　　　　　图3-5-19

⑪身体右转，右腿向右前方上步，脚跟着地，脚尖翘起。随即左腿蹬伸，重心逐渐移至右腿，右脚全脚掌着地踏实，成右弓步。随重心右移的同时，右臂半屈向前上方弧线掤于体前，腕关节与胸相对，掌心向内，指尖向左；左手同时向下按至左胯侧前方，掌心向下，指尖向前，目视右手。（图3-5-20~21）

图3-5-20　　　　　　　　　图3-5-21

⑫右臂微曲前伸，高与肩平，掌心斜向下，指尖斜向前上方；左手微曲臂置于右肘内侧下方，掌心斜向上，指尖向前上方。（图3-5-22）

⑬右腿蹬伸，左腿屈膝后坐，重心移至左腿。同时上体左转，左手向下、向左捋至左侧上方，手高于肩，掌心斜向内，指尖斜向上；右手向下、向左捋至左侧胸前，掌心向内，指尖向左，目视左前方。（图3-5-23~24）

⑭上动不停，上体右转，右手随转体屈臂横于胸前，掌心向内，指尖向左；左手随转体下落，向前按于右腕内侧，掌心向前，指尖向上。（图3-5-25）

图3-5-22

图3-5-23

图3-5-24

图3-5-25

⑮随左腿蹬伸,重心前移,右腿屈膝半蹲成右弓步,同时双手用力向前挤出,高不过肩,低不过胸。(图3-5-26)

⑯身型、步型不变,右手内旋向前伸出,同时左手内旋经右手背向左平抹,双手与肩同宽,手心向下,指尖向前,目视前方。(图3-5-27)

图3-5-26　　　　　　　　图3-5-27

⑰右腿蹬伸,左腿屈蹲,重心后移,同时双臂屈肘收于胸前,掌心斜向前,指尖斜向上;上动不停,双手继续向下至腹前,掌心斜向前,指尖斜向上,目视前方。(图3-5-28~29)

⑱随左腿蹬伸,重心前移,右腿屈膝半蹲成右弓步;同时双手向前按出,掌心向前,指尖向上,高不过肩,低不过胸。(图3-5-30)

图3-5-28　　　　图3-5-29　　　　图3-5-30

⑲上体不变，右腿蹬伸，重心后移，左腿屈膝半蹲，右脚尖抬起。随之上体左转，右脚尖内扣落地踏实；右手不动，左手经面前向左划弧至身体左侧前方。上动不停，上体微左转，重心移至右腿支撑，左脚收于右脚内侧，脚尖点地，成丁步。同时右手向左划弧在胸前屈臂成圆，掌心向下，指尖向左前方；左手外旋向下划弧经体前屈臂抱于右腹前，掌心向上，指尖向右，两手心相对成抱球状。（图3-5-31~33）

图 3-5-31　　　　　　　图 3-5-32　　　　　　　图 3-5-33

2. 野马分鬃

【预备势】

同"揽雀尾"。

【动作】

①上体微向左转，重心移至右腿，随即左腿回收至右脚内侧，脚尖点地，成丁步；同时右臂抬起在胸前屈臂成圆，掌心向下，指尖向左；左手外旋经体前屈臂抱于右腹前，掌心向上，指尖向右，两手心相对成抱球状，目视左前方。（图3-5-34）

②左腿向左前方上步，脚跟着地，脚尖翘起，随即右腿以前脚掌为轴蹬伸，重心前移，左脚全脚掌着地踏实，屈膝成左弓步。同时，随重心前移，左手由下向前上方分出，掌心斜向上，指尖斜向前；右手按至右胯前外侧，掌心向下，指尖向前，目视前方。（图3-5-35~36）

图 3-5-34　　　　　　图 3-5-35　　　　　　图 3-5-36

③左脚蹬伸，左脚尖抬起，重心后移，随即上体左转，右腿蹬伸，左脚尖外展落地踏实，随即重心移至左腿，右脚回收至左脚内侧，脚尖点地，成丁步。同时左臂内旋于胸前屈臂成圆，掌心向下，指尖向右，右手外旋经体前屈臂抱于左腹前，掌心向上，指尖向左，两手心相对成抱球状，目视右前方。（图 3-5-37~39）

图 3-5-37　　　　　　图 3-5-38　　　　　　图 3-5-39

④右腿向右前方上步，脚跟着地，脚尖翘起，随即左腿蹬伸，重心前移，右脚全脚掌着地踏实，屈膝成右弓步。同时，随重心前移，右手由下向前上

方分出，掌心斜向上，指尖斜向前；左手按至左胯前外侧，掌心向下，指尖向前，目视前方。（图 3-5-40~41）

图 3-5-40　　　　　　　　　　　图 3-5-41

⑤右脚蹬伸，右脚尖抬起，重心后移，随即上体右转，左腿蹬伸，右脚尖外展落地踏实，随即重心移至右腿，左脚回收至右脚内侧，脚尖点地，成丁步。同时右臂内旋于胸前屈臂成圆，掌心向下，指尖向左，左手外旋经体前屈臂抱于右腹前，掌心向上，指尖向右，两手心相对成抱球状，目视右前方。（图 3-5-42~44）

图 3-5-42　　　　　图 3-5-43　　　　　图 3-5-44

3. 搂膝拗步

【预备势】

同"揽雀尾"。

【动作】

①上体左转，重心移至右腿，左脚回收至右脚内侧，脚尖点地成丁步。同时，右手外旋向右侧抬起，臂微曲，腕与肩高，掌心斜向上，指尖斜向右后上方；左手抬起经面前屈臂向右按落于右肋旁，掌心斜向下，目视右手。（图3-5-45）

②上体微左转，左脚向前上步，脚跟着地，成左虚步。同时，右臂屈肘，右手收于右耳侧，掌心向前，指尖向上，高与耳齐；左手向下按至右腹前，掌心向下，指尖向右，目视前方。（图3-5-46）

③上体继续转正，右腿蹬伸，重心移至左腿，左脚全脚掌着地屈膝踏实，成左弓步。同时，左手经腹前向左搂至左胯外前侧，掌心向下，指尖向前；右手向前方推出，掌心向前，指尖向上，目视前方。（图3-5-47）

图3-5-45　　　　　图3-5-46　　　　　图3-5-47

④左脚蹬伸，脚尖抬起，重心后移。随即上体左转，左脚尖外展，随右腿蹬伸，重心移至左腿，左脚全脚掌着地屈膝踏实，右脚回收至左脚内侧，脚尖点地。同时，左手外旋转向左斜后方抬起，臂微曲，腕与肩同高，掌心

斜向上，指尖斜向左后上方；右手抬起经面前屈臂向左按落于左肋旁，掌心斜向下，目视左手。（图3-5-48~50）

图3-5-48　　　　　　　图3-5-49　　　　　　　图3-5-50

⑤上体微右转，右脚向前上步，脚跟着地，成右虚步。同时，左臂屈肘，左手收于左耳侧，掌心向前，指尖向上，高与耳齐；右手向下按至左腹前，掌心向下，指尖向左，目视前方。（图3-5-51）

⑥上体继续转正，左腿蹬伸，重心移至右腿，右脚全脚掌着地屈膝踏实，成右弓步。同时，右手经腹前向右搂至右胯外前侧，掌心向下，指尖向前；左手向前方推出，掌心向前，指尖向上，目视前方。（图3-5-52）

图3-5-51　　　　　　　　　图3-5-52

4. 左右穿梭

【预备势】

同"揽雀尾"。

【动作】

①上体微向左转，重心移至右腿；左腿随即回收至右脚内侧，脚尖点地。同时右臂抬起在胸前屈臂成圆，手心向下，指尖向左，左手外旋经体前屈臂抱于右腹前，手心向上，指尖向右，两手心相对成抱球状。（图3-5-53）

②左脚向左前方上步，脚跟着地，成左虚步。同时右手按至右侧腰间，掌心斜向下，指尖斜向上；左手向前、向上划弧抬至胸前，手心斜向下，指尖向右。（图3-5-54）

③上动不停，右腿以脚前掌为轴蹬伸，重心前移，左脚全脚掌着地踏实，屈膝成左弓步。同时左手内旋继续向上架于额前上方，掌心斜向上，指尖斜向右；右手微抬向前推按，掌心向前，指尖向上。（图3-5-55）

图3-5-53　　　　　　图3-5-54　　　　　　图3-5-55

④左脚蹬伸，脚尖抬起，重心后移。上动不停，上体左转，左脚尖外展，随即重心移至左腿，左脚全脚掌踏实屈蹲，右脚回收至左脚内侧，脚尖点地。同时左手下落，与肩同高，掌心向下，指尖斜向右；右手外旋向左划弧至左侧腹前，掌心向上，指尖向左，两手心相对成抱球状，目视右前方。（图3-5-56~57）

⑤右脚向右前方上步，脚跟着地，成右虚步。同时左手按至左侧腰间，掌心斜向下，指尖斜向上；右手向前、向上划弧抬至胸前，手心斜向下，指尖向左。（图3-5-58）

图3-5-56　　　　　图3-5-57　　　　　图3-5-58

⑥上动不停，左腿蹬伸，重心前移，右脚全脚掌着地踏实，屈膝成右弓步。同时右手内旋继续向上架于额前上方，掌心斜向上，指尖斜向左；左手微抬向前推按，掌心向前，指尖向上。（图3-5-59）

⑦右脚蹬伸，脚尖抬起，重心后移。上动不停，上体右转，右脚尖外展，随即重心移至右腿，左脚全脚掌踏实屈蹲，左脚回收至右脚内侧，脚尖点地。同时右手下落，与肩同高，掌心向下，指尖斜向左；左手外旋向右划弧至右侧腹前，掌心向上，指尖向右，两手心相对成抱球状，目视左前方。（图3-5-60~61）

图3-5-59　　　　　图3-5-60　　　　　图3-5-61

5. 云手

【预备势】

同"揽雀尾"。

【动作】

①上体右转，左脚向左开步，右手向右顺时针划弧落于右侧前方，臂微曲，高与肩齐，掌心向下，指尖斜向上；左手向右划弧至右腹前，掌心斜向后，目视右前方。（图 3-5-62）

②上体微左转，右腿蹬伸，重心移至左腿。同时左手外旋随转体向上划弧至右胸前，掌心斜向内，指尖斜向右上方；右手内旋向下划弧至右腹前外侧，掌心向下，指尖向前。（图 3-5-63）

图 3-5-62

图 3-5-63

③上动不停，上体继续左转，右脚提起、向左脚内侧并步，前脚掌先着地，逐渐过渡到全脚掌着地。同时左手随转体向上、向左逆时针划弧经面前向左侧前方转按，臂微曲，高与肩齐，掌心斜向下，指尖斜向上；右手随转体向左划弧至左肘内下侧，掌心斜向内，指尖向左，目视左前方。（图 3-5-64~65）

图 3-5-64　　　　　　　图 3-5-65

④上体右转，左脚跟抬起，重心移至右腿。随即左脚抬起、向左侧横开步，脚前掌先着地，逐渐过渡到全脚掌着地。同时右手随转体向上、向左顺时针划弧经面前向右侧前方转按，臂微曲，高与肩齐，掌心斜向下，指尖斜向上；左手随转体向右划弧至右肘内下侧，掌心斜向内，指尖向右，目视右前方。（图 3-5-66~68）

图 3-5-66　　　　　图 3-5-67　　　　　图 3-5-68

⑤上动不停，右腿蹬伸，重心移至左腿，随即右脚提起、向左脚内侧并步，前脚掌先着地，逐渐过渡到全脚掌着地。同时左手随转体向上、向左逆时针划弧经面前向左侧前方转按，臂微曲，高与肩齐，掌心斜向下，指尖斜向上；右手随转体向左划弧至左肘内下侧，掌心斜向内，指尖向左，目视左前方。（图 3-5-69~71）

图 3-5-69　　　　　　图 3-5-70　　　　　　图 3-5-71

四、八式太极拳套路图解

1. 卷肱势

①两脚平行并拢，身体自然直立，双手自然下垂、轻贴大腿外侧，目视前方。（图4-1）

②上体重心慢慢移至右腿，左脚跟轻轻抬起；随即左脚提起、向左平行开立，与肩同宽，随之重心移至两腿之间；双手慢慢向前抬起，高与肩平，与肩同宽，双肩松沉，两肘微下垂，双手掌心向下，指尖向前，目视前方。（图4-2~3）

图4-1

图4-2

图4-3

③两腿屈膝下蹲，同时，两肘下沉，带动双掌向下轻按至两胯侧前方，双手掌心向下，指尖向前，目视前方。（图4-4）

④上体右转，左手外旋转向前伸举，掌心向上，指尖向前；同时右手外旋翻转，向右、向后、向上划弧托至右后方，高与耳齐，掌心斜向上，指尖斜向右后，目视右手。（图4-5）

图4-4

⑤上体左转，右手屈臂收至右耳侧，掌心斜向下，指尖斜向上，目视前方。上动不停，右手经左掌上方向前推出，掌心向前，指尖向上，高与肩平；同时左手回收至腹前，掌心向上，指尖斜向前，目视右手。（图4-6~7）

图4-5　　　　　　　图4-6　　　　　　　图4-7

⑥上体左转，左掌向左、向后、向上划弧托至左后方，高与耳齐，掌心斜向上，指尖斜向左后；同时右手外旋翻转，掌心向上，指尖向右前方，目视左手。（图4-8）

⑦上体右转，左手屈臂收至左耳侧，掌心斜向下，指尖斜向上，目视前方。上动不停，左手经右掌上方向前推出，掌心向前，指尖向上，高与肩平；同时右手回收至腹前，掌心向上，指尖斜向前，目视左手。（图4-9~10）

图4-8　　　　　　　图4-9　　　　　　　图4-10

2. 搂膝拗步

①上体微右转,重心移至右腿,左腿回收至右脚内侧,脚尖点地,脚跟抬起,成丁步。同时,右手外旋由右向上弧形抬至右上方,臂微曲,腕与肩高,掌心斜向上,指尖斜向右上方;左手经面前屈臂向右按落于右肋旁,掌心斜向下,指尖斜向右,目视右手。(图4-11)

②上体微左转,左脚向左前方上步,脚跟着地,脚尖翘起。同时,右臂屈肘、手收于右耳侧,掌心向左前方,指尖向上,高与耳齐;左手向下按至右腹前,掌心斜向下,指尖向右,目视左前方。(图4-12)

③上体继续转正,右腿蹬伸,重心移至左腿,左脚全脚掌着地屈膝踏实,成左弓步。同时,左手经腹前向左搂至左胯外前侧,掌心向下,指尖向前;右手向前方推出,掌心向前,指尖向上,目视前方。(图4-13)

图 4-11　　　　　　图 4-12　　　　　　图 4-13

④左脚蹬伸,脚尖抬起,重心后移。随即上体右转,左脚尖内扣,随右腿蹬伸,重心移至左腿,左脚全脚掌内扣着地踏实,右脚回收至左脚内侧,脚尖点地。同时,左手外旋向左、向上抬至左上方,臂微曲,腕与肩同高,掌心斜向上,指尖斜向左上方;右手经面前屈臂向左按落于左肋旁,掌心斜向下,指尖向左,目视左手。(图4-14~16)

⑤上体微右转,右脚向右前方上步,脚跟着地,脚尖翘起。同时,左臂

图 4-14　　　　　　　图 4-15　　　　　　　图 4-16

屈肘、手收于左耳侧，掌心向右前方，指尖向上，高与耳齐；右手向下按至左腹前，掌心向下，指尖向左，目视右前方。（图 4-17）

⑥上体继续转正，左腿蹬伸，重心移至右腿，右脚全脚掌着地屈膝踏实，成右弓步。同时，右手经腹前向右搂至右胯外前侧，掌心向下，指尖向前；左手向前方推出，掌心向前，指尖向上，目视前方。（图 4-18）

图 4-17　　　　　　　　　图 4-18

3. 野马分鬃

①右腿蹬伸，重心后移，左腿屈膝半蹲，右脚尖抬起。随之上体左转，右脚尖内扣落地踏实；右手向上抬至肩高，掌心斜向右前方，指尖向上；左

手经面前向左划弧至身体左侧前方,掌心斜向左前方,指尖向上。上动不停,上体继续左转,重心移至右腿支撑,左脚收于右脚内侧,脚尖点地,成丁步;同时右手向左划弧于胸前屈臂成圆,掌心向下,指尖向左,左手外旋向下划弧经体前屈臂抱于右腹前,掌心向上,指尖向右,两手心相对成抱球状,目视左前方。(图4-19~22)

②左腿向左前方上步,脚跟着地,脚尖翘起,随即右腿蹬伸,重心前移,左脚全脚掌着地踏实,屈膝成左弓步;同时,左手由下至上分出,掌心斜向上,指尖斜向前;右手按至右胯前外侧,掌心向下,指尖向前,目视左手。(图4-23~24)

图4-19　　　　　　图4-20　　　　　　图4-21

图4-22　　　　　　图4-23　　　　　　图4-24

③左腿蹬伸,重心后移,右腿屈膝半蹲,左脚尖抬起。随之上体右转,左脚尖内扣落地踏实,重心移至左腿支撑,上体继续右转,右脚收于左脚内侧,脚尖点地,成丁步;同时左手向右划弧于胸前屈臂成圆,掌心向下,指尖向右,右手外旋向左划弧经体前屈臂抱于左腹前,掌心向上,指尖向左,两手心相对成抱球状,目视右前方。(图4-25~27)

图4-25　　　　　　图4-26　　　　　　图4-27

④右腿向右前方上步,脚跟着地,脚尖翘起,随即左腿蹬伸,重心前移,右脚全脚掌着地踏实,屈膝成右弓步;同时,右手由下至上分出,掌心斜向上,指尖斜向前;左手按至左胯前外侧,掌心向下,指尖向前,目视右手。(图4-28~29)

图4-28　　　　　　　　图4-29

4. 云手

①上体微左转，右腿蹬伸，脚尖翘起并微向内扣，重心移至左腿。同时左手外旋随转体向上划弧至右胸前，掌心斜向内，指尖斜向右上方；右手内旋向下划弧至右腹前外侧，掌心向下，指尖向右前方。（图 4-30）

②上动不停，上体继续左转，右脚尖继续内扣踏实，随即右脚提起、向左脚内侧并步，前脚掌先着地，逐渐过渡到全脚掌着地。同时左手随转体向上、向左逆时针划弧经面前向左侧前方转按，臂微曲，高与肩齐，掌心斜向下，指尖斜向上；右手随转体向左划弧至左肘内下侧，掌心斜向内，指尖向左，目视左前方。（图 4-31~32）

图 4-30　　　　　图 4-31　　　　　图 4-32

③上体右转，左脚跟抬起，重心移至右腿。随即左脚抬起、向左侧横开步，前脚掌先着地，逐渐过渡到全脚掌着地。同时右手随转体向上、向左顺时针划弧经面前向右侧前方转按，臂微曲，高与肩齐，掌心斜向下，指尖斜向上；左手随转体向右划弧至右肘内下侧，掌心斜向内，指尖向右，目视右前方。（图 4-33~35）

④上动不停，右腿蹬伸，重心移至左腿。同时左手随转体向上、向左逆时针划弧经面前向左侧前方转按，臂微曲，高与肩齐，掌心斜向下，指尖斜向上；右手随转体向左划弧至左肘内下侧，掌心斜向内，指尖向左，目视左前方。（图 4-36~37）

⑤上体微右转，左腿蹬伸，重心移至右腿。同时右手外旋随转体向上划弧至左胸前，掌心斜向内，指尖斜向左上方；左手内旋向下划弧至左腹前外侧，掌心向下，指尖向左前方。（图4-38）

图4-33　　　　　　　图4-34　　　　　　　图4-35

图4-36　　　　　　　图4-37　　　　　　　图4-38

⑥上动不停，上体继续右转，随即左脚提起向右脚内侧并步，前脚掌先着地，逐渐过渡到全脚掌着地。同时右手随转体向上、向右顺时针划弧经面前向右侧前方转按，臂微曲，高与肩齐，掌心斜向下，指尖斜向上；左手随转体向右划弧至右肘内下侧，掌心斜向内，指尖向右，目视右前方。（图4-39~40）

图 4-39　　　　　　　　图 4-40

⑦上体左转，右脚跟抬起，重心移至左腿。随即右脚抬起、向右侧横开步，前脚掌先着地，逐渐过渡到全脚掌着地。同时左手随转体向上、向左逆时针划弧经面前向左侧前方转按，臂微曲，高与肩齐，掌心斜向下，指尖斜向上；右手随转体向左划弧至左肘内下侧，掌心斜向内，指尖向左，目视左前方。（图 4-41~43）

图 4-41　　　　　　图 4-42　　　　　　图 4-43

⑧上动不停，左腿蹬伸，重心移至右腿。同时右手随转体向上、向右顺时针划弧经面前向右侧前方转按，臂微曲，高与肩齐，掌心斜向下，指尖斜向上；左手随转体向右划弧至右肘内下侧，掌心斜向内，指尖向右，目视右前方。（图 4-44~45）

图 4-44

图 4-45

5. 金鸡独立

①上体右转，右腿蹬伸，重心移至左腿，随之右腿自左腿内侧向前屈膝提起，脚尖自然下垂，成独立势。同时，随转体，左手内旋、向下按至左胯前侧，掌心向下，指尖向前；右手向下落至右胯外侧，随右腿提膝向前上方提起，与肩同高，臂微屈，右肘与右膝相对，掌心斜向前，指尖斜向上，目视右掌前方。（图4-46~47）

图 4-46

图 4-47

②左腿微屈蹲，右脚落于左脚内侧，先以前脚掌着地，再脚跟落地踏实，随之重心移至右腿支撑，上体微右转，左腿屈膝提起，脚尖自然下垂，成独

立势。同时，右手向下按至右胯前侧，掌心向下，指尖向前；左手随左腿提膝向前上方提起，与肩同高，臂微屈，左肘与左膝相对，掌心斜向前，指尖斜向上，目视左掌前方。（图4-48~49）

图 4-48

图 4-49

6. 左右蹬脚

①右腿屈膝下蹲，左腿向下落于右脚内侧，随之重心移至左腿，右脚跟提起，脚尖着地；同时左手下落，与右手在腹前交叉，左手在内，掌心斜向上，指尖斜向右前方；右手在外，掌心斜向上，指尖斜向左前方，目视前方。（图4-50~51）

图 4-50

图 4-51

②左腿站立，右腿屈膝提起，脚尖自然下垂；双手向上抬至胸前交叉，左手在内，掌心向内，指尖斜向右上方；右手在外，掌心向内，指尖斜向左上方。接着，右脚向右前上方蹬出，脚尖勾起，力达脚跟，与腰同高；两手同时内旋向左右分掌，左手分至身体左侧前方，与肩同高，掌心向左前方，指尖向上，右手分至右腿上方，与肩同高，掌心向右前方，指尖向上，目视右前方。（图4-52~53）

③左腿屈膝下蹲，右腿向下落于左脚内侧，随之重心移至右腿，左脚跟提起，脚尖着地；同时双手自两侧下落于腹前交叉，右手在内，掌心斜向上，指尖斜向左前方；左手在外，掌心斜向上，指尖斜向右前方，目视前方。（图4-54~55）

④右腿站立，左腿屈膝提起，脚尖自然下垂；双手向上抬至胸前交叉，右手在内，掌心向内，指尖斜向左上方；左手在外，掌心向内，指尖斜向右上方。接着，左脚向左前上方蹬出，脚尖勾起，力达脚跟，与腰同高；两手同时内旋向左右分掌，右手分至身体右侧前方，与肩同高，掌心向右前方，指尖向上，左手分至左腿上方，与肩同高，掌心向左前方，指尖向上，目视左前方。（图4-56~57）

图 4-52

图 4-53

图 4-54

图 4-55　　　　　图 4-56　　　　　图 4-57

 7. 揽雀尾

①右腿屈膝下蹲，左脚向下落至右脚内侧，随之上体向右转，重心移至左腿，右腿回收至左脚内侧，脚尖点地；同时左手向右转至胸前，屈臂成圆，手心向下，指尖向右，右手外旋经体前屈臂抱于左腹前，手心向上，指尖向左，两手心相对成抱球状。（图 4-58~59）

②身体右转，右腿向右前方上步，脚跟着地，脚尖翘起。随即左腿蹬伸，重心逐渐移至右腿，右脚全脚掌着地踏实，成右弓步。随重心右移的同时，右臂半屈向前上方弧线掤于体前，腕关节与胸相对，掌心向内，指尖向左；左手同时向下按至左胯侧前方，掌心向下，指尖向前，目视右手。（图 4-60~61）

图 4-58　　　　图 4-59　　　　图 4-60　　　　图 4-61

③右臂微曲前伸，高与肩平，掌心斜向下，指尖斜向前上方；左手微曲臂置于右肘内侧下方，掌心斜向上，指尖向前上方。（图4-62）

④右腿蹬伸，左腿屈膝后坐，重心移至左腿。同时上体左转，左手向下、向左将至左侧上方，手高于肩，掌心斜向内，指尖斜向上；右手向下、向左将至左侧胸前，掌心向内，指尖向左，目视左前方。（图4-63~64）

⑤上动不停，上体右转，右手随转体屈臂横于胸前，掌心向内，指尖向左；左手随转体下落，向前按于右腕内侧，掌心向前，指尖向上。（图4-65）

⑥随左腿蹬伸，重心前移，右腿屈膝半蹲成右弓步，同时双手用力向前挤出，高不过肩，低不过胸。（图4-66）

图4-62　　　　　图4-63　　　　　图4-64

图4-65　　　　　图4-66

⑦身型、步型不变,右手内旋向前伸出,同时左手内旋经右手背向左平抹,双手与肩同宽,手心向下,指尖向前,目视前方。(图4-67)

⑧右腿蹬伸,左腿屈蹲,重心后移,同时双臂屈肘收于胸前,掌心斜向前,指尖斜向上;上动不停,双手继续向下至腹前,掌心斜向前,指尖斜向上,目视前方。(图4-68~69)

图4-67　　　　　图4-68　　　　　图4-69

⑨随左腿蹬伸,重心前移,右腿屈膝半蹲成右弓步;同时双手向前按出,掌心向前,指尖向上,高不过肩,低不过胸。(图4-70)

⑩上体不变,右腿蹬伸,重心后移,左腿屈膝半蹲,右脚尖抬起。随之上体左转,右脚尖内扣落地踏实;右手不动,左手经面前向左划弧至身体左侧前方。上动不停,上体微左转,重心移至右腿支撑,左脚收于右脚内侧,脚尖点地,成丁步。

图4-70

同时右手向左划弧在胸前屈臂成圆,掌心向下,指尖向左前方;左手外旋向下划弧经体前屈臂抱于右腹前,掌心向上,指尖向右,两手心相对成抱球状。(图4-71~73)

图 4-71　　　　　　　　图 4-72　　　　　　　　图 4-73

⑪上体左转，左腿向左前方上步，脚跟着地，脚尖翘起。随即右腿蹬伸，重心逐渐移至左腿，左脚全脚掌着地踏实，成左弓步。随重心左移的同时，左臂半屈向前上方划弧掤于体前，腕关节与胸相对，掌心向内，指尖向右；右手同时向下按至胯前，掌心向下，指尖向前，眼看左手。（图 4-74~75）

⑫左臂微曲前伸，高与肩平，掌心斜向下，指尖斜向前上方；右手微曲臂置于左肘内侧下方，掌心向上，指尖向前上方。（图 4-76）

图 4-74　　　　　　　　图 4-75　　　　　　　　图 4-76

⑬左腿蹬伸，右腿屈膝后坐，重心移至右腿。同时上体右转，右手向下、向右捋至右侧上方，手高于肩，掌心斜向内，指尖斜向上；左手向下、向右捋至右侧胸前，掌心向内，指尖向右，目视右前方。（图 4-77~78）

⑭上动不停,上体左转,左手随转体屈臂横于胸前,掌心向内,指尖向右;右手随转体下落,向前按于左腕内侧,掌心向前,指尖向上。(图4-79)

图 4-77　　　　　　图 4-78　　　　　　图 4-79

⑮随右腿蹬伸,重心前移,左腿屈膝半蹲成左弓步,同时双手用力向前挤出,高不过肩,低不过胸。(图4-80)

⑯身型、步型不变,左手内旋向前伸出,同时右手内旋经左手背向右平抹,双手与肩同宽,手心向下,指尖向前,目视前方。(图4-81)

图 4-80　　　　　　图 4-81

⑰左腿蹬伸，右腿屈蹲，重心后移，同时双臂屈肘收于胸前，掌心斜向前，指尖斜向上；上动不停，双手继续向下至腹前，掌心斜向前，指尖斜向上，目视前方。（图 4-82~83）

⑱随右腿蹬伸，重心前移，左腿屈膝半蹲成左弓步；同时双手向前按出，掌心向前，指尖向上，高不过肩，低不过胸。（图 4-84）

图 4-82　　　　　图 4-83　　　　　图 4-84

8. 十字手

①上体右转，左脚尖内扣落地踏实，左腿蹬直，右腿屈膝侧弓，重心移至右腿；同时，右手经面前向右划弧至身体右侧前方，掌心斜向外，指尖向上，目视右前方。（图 4-85）

②上动不停，上体微左转，右腿蹬伸，重心移至左腿，随之右脚收至左脚内侧，平行站立，身体自然直立，两脚与肩同宽；同时双手向下、向里弧形交叉抱于胸前，右手在外，掌心向内，指尖斜向左上方；左手在内，掌心向内，指尖斜向右上方，目视前方。（图 4-86~87）

图 4-85

③双手同时内旋向左右平分，与肩同高、同宽，双臂微屈，掌心均向下，指尖均向前；随之双手同时由前向下轻按至两腿外侧，双臂微屈，掌心均向下，指尖均向前，目视前方。（图 4-88~89）

④重心移至右腿，左脚跟提起，双手指尖向下，自然垂落，两掌指轻贴两腿外侧；同时，左脚收落于右脚内侧，成并步，目视前方。（图 4-90）

图 4-86

图 4-87

图 4-88

图 4-89

图 4-90

五、二十四式太极拳套路图解

1. 起势

①两脚平行并拢，身体自然直立，双手自然下垂、轻贴大腿外侧，目视前方。（图5-1）

②上体重心慢慢移至右腿，左脚跟轻轻抬起；随即左脚提起、向左平行开立，与肩同宽，随之重心移至两腿之间；双手慢慢向前抬起，高与肩平，与肩同宽，双肩松沉，两肘微下垂，双手掌心向下，指尖向前，目视前方。（图5-2~3）

③两腿屈膝下蹲，同时，两肘下沉，带动双掌向下轻按至两胯侧前方，双手掌心向下，指尖向前，目视前方。（图5-4）

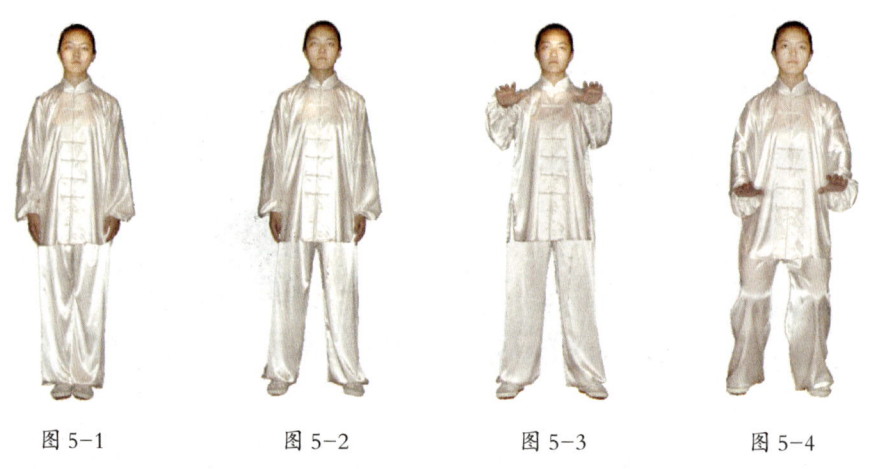

图5-1　　　　　图5-2　　　　　图5-3　　　　　图5-4

2. 左右野马分鬃

①上体微向左转，重心移至右腿，随即左腿回收至右脚内侧，脚尖点地，成丁步；同时右臂抬起在胸前屈臂成圆，掌心向下，指尖向左；左手外旋经体前屈臂抱于右腹前，掌心向上，指尖向右，两手心相对成抱球状，目视左前方。（图5-5）

②左腿向左前方上步，脚跟着地，脚尖翘起，随即右腿以前脚掌为轴蹬伸，重心前移，左脚全脚掌着地踏实，屈膝成左弓步。同时，随重心前移，左手由下向前上方分出，掌心斜向上，指尖斜向前；右手按至右胯前外侧，

掌心向下，指尖向前，目视前方。（图 5-6~7）

图 5-5　　　　　　图 5-6　　　　　　图 5-7

③左脚蹬伸，左脚尖抬起，重心后移，随即上体左转，右腿蹬伸，左脚尖外展落地踏实，随即重心移至左腿，右脚回收至左脚内侧，脚尖点地，成丁步。同时左臂内旋于胸前屈臂成圆，掌心向下，指尖向右；右手外旋经体前屈臂抱于左腹前，掌心向上，指尖向左，两手心相对成抱球状，目视右前方。（图 5-8~10）

图 5-8　　　　　　图 5-9　　　　　　图 5-10

④右腿向右前方上步，脚跟着地，脚尖翘起，随即左腿蹬伸，重心前移，右脚全脚掌着地踏实，屈膝成右弓步。同时，随重心前移，右手由下向前上方分出，掌心斜向上，指尖斜向前；左手按至左胯前外侧，掌心向下，指尖

向前，目视前方。（图5-11~12）

图5-11

图5-12

⑤右脚蹬伸，右脚尖抬起，重心后移，随即上体右转，左腿蹬伸，右脚尖外展落地踏实，随即重心移至右腿，左脚回收至右脚内侧，脚尖点地，成丁步。同时右臂内旋于胸前屈臂成圆，掌心向下，指尖向左；左手外旋经体前屈臂抱于右腹前，掌心向上，指尖向右，两手心相对成抱球状，目视左前方。（图5-13~15）

图5-13

图5-14

图5-15

⑥左腿向左前方上步，脚跟着地，脚尖翘起，随即右腿蹬伸，重心前移，左脚全脚掌着地踏实，屈膝成左弓步。同时，随重心前移，左手由下向前上方分出，掌心斜向上，指尖斜向前；右手按至右胯前外侧，掌心向下，指尖向前，目视前方。（图5-16~17）

图 5-16　　　　　　　　　图 5-17

3. 白鹤亮翅

①上体微左转，重心移至左腿，右脚抬起、向前跟步，落于左脚右后侧，前脚掌着地。同时左手内旋收于胸前，掌心向下，指尖向右；右手外旋向左划弧至腹前，掌心向上，指尖斜向左侧，两掌心相对，目视前方。（图 5-18）

②上动不停，右脚跟落实，重心移至右腿，左脚跟内辗转正抬起，微回收；同时，上体右转，双手向右、向上划弧至右侧前上方。随即上体向左转正，左脚尖点地成左虚步；同时，右手继续向上、向右划弧至头的右侧上方，掌心斜向前，指尖向上；左手经胸前向下、向左划弧至左胯侧前方，掌心向下，指尖向前，目视前方。（图 5-19~20）

图 5-18　　　　　　图 5-19　　　　　　图 5-20

4. 左右搂膝拗步

①步法不变，上体微左转，右手外旋向左经面前向下划弧落至胸前，手心斜向上，指尖斜向左；同时，左手由外向上划弧至左肩侧前方，掌心斜向下，指尖向前。上动不停，上体右转，右手向下、向右经腹前划弧至右侧胯前，掌心斜向上，指尖斜向前；同时左手外旋向上、向右划弧至面前，掌心向右，指尖向上，目视右前方。（图5-21~22）

②上体继续右转，重心移至右腿支撑，左脚收于右脚内侧，脚尖点地。同时右臂微曲向右侧前方抬起，腕与肩同高，掌心斜向上，指尖斜向右前上方；左手向右按落于右肋旁，掌心斜向下，指尖向右，目视右手。（图5-23）

图5-21　　　　　　图5-22　　　　　　图5-23

③上体左转，左脚向左前方上步，脚跟着地，脚尖翘起。同时右臂屈肘，向内收于右耳侧，高与耳齐，掌心斜向前，指尖斜向上；左手随之向下按至右腹前，掌心向下，指尖向右，目视左前方。（图5-24）

④上体继续向左转正，右腿蹬伸，重心移至左腿，左脚全脚掌着地屈膝踏实，成左弓步。同时右手向前方推出，高与胸齐，掌心向前，指尖向上；左手经腹前向左搂至左胯外前侧，掌心向下，指尖向前，目视前方。（图5-25）

图 5-24　　　　　　　　图 5-25

⑤左脚蹬伸，左脚尖抬起，重心后移，随即上体左转，右腿蹬伸，左脚尖外展落地踏实，随即重心移至左腿，右脚回收至左脚内侧，脚尖点地，成丁步。同时左臂微曲向左侧前方抬起，腕与肩同高，掌心斜向上，指尖斜向左前上方；右手向左按落于左肋旁，掌心斜向下，指尖向左，目视左手。（图5-26~28）

图 5-26　　　　　　图 5-27　　　　　　图 5-28

⑥上体右转，右脚向右前方上步，脚跟着地，脚尖翘起。同时左臂屈肘，向内收于左耳侧，高与耳齐，掌心斜向前，指尖斜向上；右手随之向下按至左腹前，掌心向下，指尖向左，目视右前方。（图5-29）

⑦上体继续向右转正,左腿蹬伸,重心移至右腿,右脚全脚掌着地屈膝踏实,成右弓步。同时左手向前方推出,高与胸齐,掌心向前,指尖向上;右手经腹前向右搂至右胯外前侧,掌心向下,指尖向前,目视前方。(图5-30)

图 5-29　　　　　　　　　图 5-30

⑧右脚蹬伸,右脚尖抬起,重心后移,随即上体右转,左腿蹬伸,右脚尖外展落地踏实,随即重心移至右腿,左脚回收至右脚内侧,脚尖点地,成丁步。同时右臂微曲向右侧前方抬起,腕与肩同高,掌心斜向上,指尖斜向右前上方;左手向右按落于右肋旁,掌心斜向下,指尖向右,目视右手。(图5-31~33)

图 5-31　　　　　　图 5-32　　　　　　图 5-33

⑨上体左转,左脚向左前方上步,脚跟着地,脚尖翘起。同时右臂屈肘,向内收于右耳侧,高与耳齐,掌心斜向前,指尖斜向上;左手随之向下按至右腹前,掌心向下,指尖向右,目视左前方。(图5-34)

⑩上体继续向左转正,右腿蹬伸,重心移至左腿,左脚全脚掌着地屈膝踏实,成左弓步。同时右手向前方推出,高与胸齐,掌心向前,指尖向上;左手经腹前向左搂至左胯外前侧,掌心向下,指尖向前,目视前方。(图5-35)

图5-34

图5-35

5.手挥琵琶

①重心前移,随之右脚提起、向前跟步,落于左脚的右后侧约15厘米处,脚前掌着地;随重心前移,右掌自然向前推进,掌心向前,指尖向上;左手按至左膝外侧上方。(图5-36)

②上体微右转,右脚跟着地,重心后移,随之左脚跟抬起。同时右掌微向后回收,掌心斜向下,指尖斜向前;左手向前弧形伸出,略低于胸,掌心斜向下,指尖向前。(图5-37)

③重心后移至右腿支撑,左脚微抬起向前活步,脚跟着地,成左虚步。同时左手向前合于左脚上方,腕与肩同高,掌心斜向前,指尖斜向上;右手向下弧形合至左肘内侧下方,掌心斜向前,指尖斜向前上方,目视前方。(图5-38)

图 5-36　　　　　图 5-37　　　　　图 5-38

6. 左右倒卷肱

①步法不变，上体微右转，右掌向下收至腹前，掌心向上，指尖向前。上动不停，右手继续向右、向上划弧托至右后方，高与耳齐，掌心斜向上，指尖斜向右后；同时左手外旋翻转向前伸展，掌心向上，指尖向左前方，目视右手。（图 5-39~40）

图 5-39　　　　　　　图 5-40

②上体左转，左脚提起收于右脚内侧；同时右屈臂收至右耳侧，掌心斜向下，指尖斜向上，目视前方。上动不停，上体继续左转，左脚向后方落步，前脚掌着地，随重心后移，全脚掌落地慢慢踏实，脚尖外展；重心后移、上

体向左转体的同时，右脚以前脚掌为轴转正成虚步。右手经左掌上方向前推出，高与肩平，掌心向前，指尖向上；同时左手回收至腹前，掌心向上，指尖斜向前，目视右手。（图5-41~42）

③步法不变，上体微左转，左掌继续向左、向上划弧托至左后方，高与耳齐，掌心斜向上，指尖斜向左后；同时右手外旋翻转，掌心向上，指尖向右前方，目视左手。（图5-43）

图5-41　　　　　　　图5-42　　　　　　　图5-43

④上体右转，右脚提起收于左脚内侧；同时左屈臂收至左耳侧，掌心斜向下，指尖斜向上，目视前方。上动不停，上体继续右转，右脚向后方落步，前脚掌着地，随重心后移，全脚掌落地慢慢踏实，脚尖外展；重心后移、上体向右转体的同时，左脚以前脚掌为轴转正成虚步。左手经右掌上方向前推出，高与肩平，掌心向前，指尖向上；同时右手回收至腹前，掌心向上，指尖斜向前，目视左手。（图5-44~45）

⑤步法不变，上体微右转，右掌继续向右、向上划弧托至右后方，高与耳齐，掌心斜向上，指尖斜向右后；同时左手外旋翻转，掌心向上，指尖向左前方，目视右手。（图5-46）

⑥上体左转，左脚提起收于右脚内侧；同时右屈臂收至右耳侧，掌心斜向下，指尖斜向上，目视前方。上动不停，上体继续左转，左脚向后方落步，前脚掌着地，随重心后移，全脚掌落地慢慢踏实，脚尖外展；重心后移、上体向左转体的同时，右脚以前脚掌为轴转正成虚步。右手经左掌上方向前推

图 5-44　　　　　　　图 5-45　　　　　　　图 5-46

出，高与肩平，掌心向前，指尖向上；同时左手回收至腹前，掌心向上，指尖斜向前，目视右手。（图 5-47~48）

⑦步法不变，上体微左转，左掌继续向左、向上划弧托至左后方，高与耳齐，掌心斜向上，指尖斜向左后；同时右手外旋翻转，掌心向上，指尖向右前方，目视左手。（图 5-49）

图 5-47　　　　　　　图 5-48　　　　　　　图 5-49

⑧上体右转，右脚提起收于左脚内侧；同时左屈臂收至左耳侧，掌心斜向下，指尖斜向上，目视前方。上动不停，上体继续右转，右脚向后方落步，前脚掌着地，随重心后移，全脚掌落地慢慢踏实，脚尖外展；重心后移、上体向右转体的同时，左脚以前脚掌为轴转正成虚步。左手经右掌上方向前

推出，高与肩平，掌心向前，指尖向上；同时右手回收至腹前，掌心向上，指尖斜向前，目视左手。（图 5-50~51）

图 5-50　　　　　　　　　　图 5-51

7. 左揽雀尾

①上体微向右转，左脚收至右脚内侧，脚尖点地成丁步；同时右手向上划弧至胸前，屈臂成圆，掌心向下，指尖向左；左手外旋经体前屈臂抱于右腹前，掌心向上，指尖向右，两手心相对成抱球状。（图 5-52）

②身体左转，左腿向左前方上步，脚跟着地，脚尖翘起。随即右腿蹬伸，重心逐渐移至左腿，左脚全脚掌着地踏实，成左弓步。随重心左移的同时，左臂半屈向前上方划弧掤于体前，腕关节与胸相对，掌心向内，指尖向右；右手同时向下按至右胯侧前方，掌心向下，指尖向前，目视左手。（图 5-53~54）

图 5-52

③左臂微曲前伸，高与肩平，掌心斜向下，指尖斜向前上方；右手微曲置于左肘内侧下方，掌心斜向上，指尖向前上方。（图 5-55）

图 5-53　　　　　　　图 5-54　　　　　　　图 5-55

④左腿蹬伸,右腿屈膝后坐,重心移至右腿。同时上体右转,右手向下、向右捋至右侧上方,手高于肩,掌心斜向内,指尖斜向上;左手向下、向右捋至右侧胸前,掌心向内,指尖向右,目视右前方。(图 5-56~57)

⑤上动不停,上体左转,左手随转体屈臂横于胸前,掌心向内,指尖向右;右手随转体下落,向前按于左腕内侧,掌心向前,指尖向上。(图 5-58)

图 5-56　　　　　　　图 5-57　　　　　　　图 5-58

⑥随右腿蹬伸,重心前移,左腿屈膝成左弓步,同时双手用力向前挤出,高不过肩,低不过胸。(图 5-59)

⑦身型、步型不变,左手内旋向前伸出,同时右手内旋经左手背向右平抹,双手与肩同宽,掌心向下,指尖向前,目视前方。(图5-60)

图5-59　　　　　　　　　　　图5-60

⑧左腿蹬伸,右腿屈蹲,重心后移,同时双臂屈肘收于胸前,掌心斜向前,指尖斜向上;上动不停,双手继续向下至腹前,掌心斜向前,指尖斜向上,目视前方。(图5-61~62)

⑨随右腿蹬伸,重心前移,左腿屈膝成左弓步;同时双手向前按出,掌心向前,指尖向上,高不过肩,低不过胸。(图5-63)

图5-61　　　　　　图5-62　　　　　　图5-63

8. 右揽雀尾

①上体不变,左腿蹬伸,重心后移,右腿屈膝半蹲,左脚尖抬起。随之上体右转,左脚尖内扣落地踏实;左手不动,右手经面前向右划弧至身体右侧前方。上动不停,上体微右转,重心移至左腿支撑,右脚收于左脚内侧,脚尖点地,成丁步。同时左手向右划弧于胸前屈臂成圆,掌心向下,指尖向右;右手外旋向下划弧经体前屈臂抱于左腹前,掌心向上,指尖向左,两手心相对成抱球状。(图5-64~66)

图5-64　　　　　　图5-65　　　　　　图5-66

②身体右转,右腿向右前方上步,脚跟着地,脚尖翘起。随即左腿蹬伸,重心逐渐移至右腿,右脚全脚掌着地踏实,成右弓步。随重心右移的同时,右臂半屈向前上方划弧掤于体前,腕关节与胸相对,掌心向内,指尖向左;左手同时向下按至左胯侧前方,掌心向下,指尖向前,目视右手。(图5-67~68)

③右臂微曲前伸,高与肩平,掌心斜向下,指尖斜向前上方;左手微曲置于右肘内侧下方,掌心斜向上,指尖向前上方。(图5-69)

④右腿蹬伸,左腿屈膝后坐,重心移至左腿。同时上体左转,左手向下、向左捋至左侧上方,手高于肩,掌心斜向内,指尖斜向上;右手向下、向左捋至左侧胸前,掌心向内,指尖向左,目视左前方。(图5-70~71)

图 5-67　　　　　图 5-68　　　　　图 5-69

图 5-70　　　　　　　　　图 5-71

⑤上动不停，上体右转，右手随转体屈臂横于胸前，掌心向内，指尖向左；左手随转体下落，向前按于右腕内侧，掌心向前，指尖向上。（图5-72）

⑥随左腿蹬伸，重心前移，右腿屈膝成右弓步，同时双手用力向前挤出，高不过肩，低不过胸。（图5-73）

⑦身型、步型不变，右手内旋向前伸出，同时左手内旋经右手背向左平抹，双手与肩同宽，掌心向下，指尖向前，目视前方。（图5-74）

⑧右腿蹬伸，左腿屈蹲，重心后移，同时双臂屈肘收于胸前，掌心斜向前，指尖斜向上；上动不停，双手继续向下至腹前，掌心斜向前，指

尖斜向上，目视前方。（图 5-75~76）

⑨随左腿蹬伸，重心前移，右腿屈膝成右弓步；同时双手向前按出，掌心向前，指尖向上，高不过肩，低不过胸。（图 5-77）

图 5-72　　　　　图 5-73　　　　　图 5-74

图 5-75　　　　　图 5-76　　　　　图 5-77

9. 单鞭

①上体微左转，右腿蹬伸，脚尖翘起并微向内扣，重心移至左腿。同时左手外旋随转体向上划弧至右胸前，掌心斜向内，指尖斜向右上方；右手内旋向下划弧至右腹前外侧，掌心向下，指尖向前。（图 5-78）

②上动不停，上体继续左转，右脚尖继续内扣踏实，同时左手随转体向

上、向左逆时针划弧经面前向左侧前方转按，臂微曲，高与肩齐，掌心斜向下，指尖斜向上；右手随转体向左划弧至左肘内下侧，掌心斜向内，指尖向左，目视左前方。（图5-79）

③上体右转，重心向右移动，随即左脚提起回收至右脚内侧。同时右手随转体向上、向左顺时针划弧经面前向右侧前方转按，臂微曲，高与肩齐，右手五指捏拢，屈腕成勾手，勾尖向下；左手随转体向下、向右划弧至右胸前，掌心斜向内，指尖向右，目视右前方。（图5-80~81）

④上体左转，左腿提起向左侧前方上步，脚跟着地，脚尖翘起。同时左手随左腿上步向左掤转至左腿上方，掌心向内，指尖斜向上。上动不停，右腿蹬伸，左腿屈蹲，脚尖落地踏实成左弓步；同时，左手内旋向前推出，掌心向前，指尖向上，目视左手前方。（图5-82~83）

图 5-78　　　　　图 5-79　　　　　图 5-80

图 5-81　　　　　图 5-82　　　　　图 5-83

10. 云手

①左腿蹬伸，身体重心右移，随之上体右转，左脚尖内扣踏实。同时右手随转体，勾手变掌，掌心斜向下，指尖斜向右前方；左手随转体向下、向右划弧至右肘内下侧，掌心斜向内，指尖向右，目视右前方。（图5-84~85）

图5-84　　　　　　　　图5-85

②上体微左转，右腿蹬伸，重心移至左腿。同时左手外旋、随转体向上划弧至右胸前，掌心斜向内，指尖斜向右上方；右手内旋向下划弧至右腹前外侧，掌心向下，指尖向前。（图5-86）

③上动不停，上体继续左转，随即右脚提起向左脚内侧并步，前脚掌先着地，逐渐过渡到全脚掌着地。同时左手随转体向上、向左逆时针划弧经面前向左侧前方转按，臂微曲，高与肩齐，掌心斜向下，指尖斜向上；右手随转体向左划弧至左肘内下侧，掌心斜向内，指尖向左，目视左前方。（图5-87~88）

④上体右转，左脚跟抬起，重心移至右腿。随即左脚抬起向左侧横开步，前脚掌先着地，逐渐过渡到全脚掌着地。同时右手随转体向上、向右顺时针划弧经面前向右侧前方转按，臂微曲，高与肩齐，掌心斜向下，指尖斜向上；左手随转体向右划弧至右肘内下侧，掌心斜向内，指尖向右，目视右前方。（图5-89~91）

图 5-86　　　　　　图 5-87　　　　　　图 5-88

图 5-89　　　　　　图 5-90　　　　　　图 5-91

⑤上动不停，右腿蹬伸，重心移至左腿，随即右脚提起向左脚内侧并步，前脚掌先着地，逐渐过渡到全脚掌着地。同时左手随转体向上、向左逆时针划弧经面前向左侧前方转按，臂微曲，高与肩齐，掌心斜向下，指尖斜向上；右手随转体向左划弧至左肘内下侧，掌心斜向内，指尖向左，目视左前方。（图 5-92~94）

⑥上体右转，左脚跟抬起，重心移至右腿。随即左脚抬起向左侧横开步，前脚掌先着地，逐渐过渡到全脚掌着地。同时右手随转体向上、向右顺时针划弧经面前向右侧前方转按，臂微曲，高与肩齐，掌心斜向下，指尖斜向上；左手随转体向右划弧至右肘内下侧，掌心斜向内，指尖向右，目视右前方。（图 5-95~97）

图 5-92　　　　　　图 5-93　　　　　　图 5-94

图 5-95　　　　　　图 5-96　　　　　　图 5-97

⑦上动不停，右腿蹬伸，重心移至左腿，随即右脚提起向左脚内侧并步，前脚掌先着地，逐渐过渡到全脚掌着地。同时左手随转体向上、向左逆时针划弧经面前向左侧前方转按，臂微曲，高与肩齐，掌心斜向下，指尖斜向上；右手随转体向左划弧至左肘内下侧，掌心斜向内，指尖向左，目视左前方。（图 5-98~100）

图 5-98　　　　　　　图 5-99　　　　　　　图 5-100

11. 单鞭

①上体右转，重心向右移动，随即左脚提起回收至右脚内侧。同时右手随转体向上、向左顺时针划弧经面前向右侧前方转按，臂微曲，高与肩齐，右手五指捏拢，屈腕成勾手，勾尖向下；左手随转体向右划弧至右肘内下侧，掌心斜向内，指尖向右，目视右前方。（图 5-101~102）

图 5-101　　　　　　　图 5-102

②上体左转，左腿提起向左侧前方上步，脚跟着地，脚尖翘起。同时左手随左腿上步向左掤转至左腿上方，掌心向内，指尖斜向上。上动不停，右腿蹬伸，左腿屈蹲，脚尖落地踏实成左弓步；同时，左手内旋向前推出，掌

心向前，指尖向上，目视左手前方。（图 5-103~104）

图 5-103

图 5-104

12. 高探马

①右腿蹬伸，重心前移，随之右脚提起向前跟步，落于左脚右后侧，前脚掌着地，成右后虚步。同时，左手外旋翻转，掌心向上，指尖向前；右勾手变掌，外旋翻转，掌心斜向上，指尖斜向上，目视左前方。（图 5-105）

②右脚跟着地，重心后移；右手屈肘收于右耳外侧，掌心向内，指尖向上。上动不停，上体左转，左脚跟提起，前脚掌着地，成左虚步。同时，右手随转体自胸前经左手上方向前探出，掌心斜向下，指尖向左；左手向内抽至腹前，掌心向上，指尖斜向右前方。（图 5-106~107）

图 5-105

图 5-106

图 5-107

13. 右蹬脚

①左手手心向上前伸至右手背穿出，与右手相互交叉。随即左脚抬起、向左前方上步，成左弓步；双手同时向上、向外划弧至身体侧前方，掌心向下，目视前方。（图 5-108~109）

②上动不停，右腿蹬伸，身体重心前移至左腿支撑，右脚经左脚内侧慢慢向前抬起提膝，脚尖自然下垂，成独立势。同时，双手继续向下、向内经腹前交叉合抱于胸前，左手在里，掌心向内，指尖斜向右上方；右手在外，掌心向内，指尖斜向左上方，目视右前方。（图 5-110）

图 5-108

图 5-109

图 5-110

③右脚向右前上方蹬出，脚尖勾起，力达脚跟，与腰同高；两手同时内旋向左右分掌，左手分至身体左侧前方，与肩同高，掌心向左前方，指尖向上；右手分至右腿上方，与肩同高，掌心向右前方，指尖向上，目视右前方。（图 5-111）

图 5-111

14. 双峰贯耳

①右腿屈膝，小腿下落，脚尖自然下垂，成左独立势。同时，上体右转，两手外旋向内合于右膝上外侧，与胸同高，与肩同宽，掌心向上，指尖向前，目视两手前方。（图5-112）

②接着，左腿屈蹲，右脚向右前方上步，脚跟着地，脚尖翘起成右虚步。同时，双手经右膝外侧下落至两胯前，两掌心斜向上，指尖斜向前，目视前方。（图5-113~114）

图5-112

图5-113

图5-114

③上动不停，左腿蹬伸，右腿屈蹲，脚尖落地踏实成右弓步。同时，双手握拳，自身体两侧，向前、向内旋弧形合击于体前，两臂成弧形，两拳略高于肩，拳眼相对，两拳相距与头同宽，目视前方。（图5-115~116）

图5-115

图5-116

15. 转身左蹬脚

①左腿屈膝后坐，重心移至左腿，随上体左转，右脚尖内扣落地踏实。同时，随转体，双拳变掌，由上分别向左右划弧分至身体两侧，高与肩平，双手手心斜向前，指尖向上。（图5-117~118）

图5-117

图5-118

②左腿蹬伸，身体重心移至右腿支撑，左腿慢慢向前抬起提膝，脚尖自然下垂，成独立势。同时，双手继续向下、向内经腹前交叉合抱于胸前，右手在里，掌心向内，指尖斜向左上方；左手在外，掌心向内，指尖斜向右上方，目视左前方。（图5-119）

③左脚向左前上方蹬出，脚尖勾起，力达脚跟，与腰同高；两手同时内旋向左右分掌，右手分至身体右侧前方，与肩同高，掌心向右前方，指尖向上；左手分至左腿上方，与肩同高，掌心向左前方，指尖向上，目视左前方。（图5-120）

图5-119

图 5-120

16. 左下势独立

①左腿收回屈膝，成独立势，上体右转，右掌变勾，勾尖向下，左手向上、向右划弧下落至右肩前，掌心斜向右后方，指尖向上，目视右手。（图5-121）

②右腿慢慢屈膝下蹲，左腿向左侧伸出，成左仆步；同时左掌由胸前向下沿左腿内侧向前穿出，掌心斜向下，指尖向前，目视左前下方。（图5-122~123）

图 5-121

图 5-122

③上体微左转,右腿蹬伸,左脚尖外展踏实,重心前移,左腿屈膝成左弓步。同时,左掌向前穿出,与肩同高,掌心斜向下,指尖斜向上;右勾手不变,手臂随转体内旋翻转至右后方,勾尖向上。(图5-124)

图 5-123　　　　　　　　　　图 5-124

④上体继续左转,重心前移至左腿支撑,右脚随之慢慢屈膝向前提起,脚尖自然下垂,成独立势。同时,左手向下按至左胯前侧,掌心向下,指尖向前;右勾手变掌,随右腿提膝向前上方提起,与肩同高,臂微屈,右肘与右膝相对,掌心斜向前,指尖斜向上,目视右掌前方。(图5-125~126)

图 5-125　　　　　　　　　　图 5-126

17. 右下势独立

①右脚下落于左脚前，然后上体左转，左脚以脚跟为轴，脚尖外展。同时，左手随转身变勾，向右侧抬起，与肩同高，勾尖向下；右手向上、向左划弧落至左肩前，掌心斜向左后方，指尖向上；目视左手。（图5-127~128）

图 5-127　　　　　　　　图 5-128

②左腿慢慢屈膝下蹲，右腿向右侧伸出，成右仆步；同时右掌由胸前向下沿右腿内侧向前穿出，掌心斜向下，指尖向前，目视右前下方。（图5-129~130）

图 5-129　　　　　　　　图 5-130

③上体微右转,左腿蹬伸,右脚尖外展踏实,重心前移,右腿屈膝成右弓步。同时,右掌向前穿出,与肩同高,掌心斜向下,指尖斜向上;左勾手不变,手臂随转体内旋翻转至左后方,勾尖向上。(图5-131)

④上体继续右转,重心前移至右腿支撑,左脚随之慢慢屈膝向前提起,脚尖自然下垂,成独立势。同时,右手向下按至右胯前侧,掌心向下,指尖向前;左勾手变掌,随左腿提膝向前上方提起,与肩同高,臂微屈,左肘与左膝相对,掌心斜向前,指尖斜向上,目视左掌前方。(图5-132~133)

图 5-131

图 5-132

图 5-133

18. 左右穿梭

①左脚向左前方上步,脚跟着地,脚尖翘起,随即上体左转,右腿蹬伸,左脚尖外展落地踏实,随即重心移至左腿,右脚回收至左脚内侧,脚尖点地,成丁步。左臂在体左侧曲臂成圆,掌心向下,指尖向右;右手外旋向左划弧至左肋旁,掌心向上,指尖向左,两手心相对成抱球状,目视右前方。(图5-134~136)

图 5-134　　　　　　图 5-135　　　　　　图 5-136

②右脚向右前方上步，脚跟着地，成右虚步。同时左手按至左侧腰间，掌心斜向下，指尖斜向上；右手向前、向上划弧抬至胸前，手心斜向下，指尖向左。上动不停，左腿蹬伸，重心前移，右脚全脚掌着地踏实，屈膝成右弓步。同时右手内旋继续向上架于额前上方，掌心斜向上，指尖斜向左；左手微抬向前推按，掌心向前，指尖向上。（图 5-137~138）

图 5-137　　　　　　　　　图 5-138

③右脚蹬伸，右脚尖抬起，重心后移，随即上体右转，左腿蹬伸，右脚尖外展落地踏实，随即重心移至右腿，左脚回收至右脚内侧，脚尖点地，成丁步。同时，右手下落至体前，与肩同高，掌心向下，指尖向左；左手外旋向右划弧至右侧腹前，掌心向上，指尖向右，两手心相对成抱球状，目视左

前方。（图 5-139~140）

④左脚向左前方上步，脚跟着地，脚尖翘起。同时右手按至右侧腰间，掌心斜向下，指尖斜向上；左手向前、向上划弧抬至胸前，手心斜向下，指尖向右。上动不停，右腿蹬伸，重心前移，左脚全脚掌着地踏实，屈膝成左弓步。同时左手内旋继续向上架于额前上方，掌心斜向上，指尖斜向右；右手微抬向前推按，掌心向前，指尖向上，目视前方。（图 5-141~142）

图 5-139

图 5-140

图 5-141

图 5-142

19. 海底针

①右脚向前跟步，落于左脚右后侧，随即重心移至右腿，左脚跟提起，脚尖着地。同时，上体右转，右手向下、沿身体右侧向上提升至右耳侧，掌心向内，指尖向前；左手同时向下按至左侧胯前。（图 5-143~144）

②上动不停，上体左转，左脚提起向前活步，随重心下降，脚尖着地，成左虚步。同时，右手随转体向前下方插掌，掌心向左，指尖斜向下；左手继续向下按至左膝外侧，掌心向下，指尖向前，目视前下方。（图 5-145）

图 5-143　　　　　　图 5-144　　　　　　图 5-145

20. 闪通臂

①虚步不变，上体直起，右手向上抬起，举于体前，与胸同高，手心向左，指尖向前；左手向上抬至右腕内侧下方，掌心向右，指尖斜向上，目视前方。（图 5-146）

②上体微右转，重心仍置于右腿，左脚向前方上步，脚跟先着地，随右腿蹬伸，左脚尖落地踏实，重心前移成左弓步。同时，右手内旋，随转体举于头的右前上方，掌心斜向上，指尖斜向左；左手随重心前移成左弓步的同时向前推按，与肩同高，掌心向前，指尖向上，目视前方。（图 5-147~148）

图 5-146　　　　　　图 5-147　　　　　　图 5-148

21. 转身搬拦捶

①上体后坐，身体重心移至右腿，左脚尖内扣，身体向右转，随之身体重心再移至左腿，右脚抬起收至左脚内侧，脚不落地。同时，右手随转身向后、向下握拳经腹前划弧至左肋旁，拳心向下，拳眼向内；左手向上随转身向上、向右合按于右侧胸前，掌心斜向下，指尖斜向右上方，目视右前方。（图5-149~150）

②上体右转，右腿向右前方上步，脚跟着地，脚尖翘起。同时，右拳外旋由内向上、向前搬出，高与胸齐，拳心向上；左手向下按至左侧胯前，掌心向下，指尖向前，目视前方。（图5-151）

图5-149　　　　　图5-150　　　　　图5-151

③上体继续右转，右脚尖外展落地踏实，重心移至右腿，随之左脚向前上步，脚跟着地，脚尖翘起。同时，右拳先内旋转向右、向后划弧，然后外旋收于右侧腰间，拳心向上；左手向上、向右拦至胸前，掌心斜向前，指尖斜向上，目视前方。（图5-152~153）

④右腿蹬伸，重心移至左腿，左脚全脚掌着地屈膝踏实，成左弓步；同时右手内旋向前方打出，高与胸齐，拳心向左，拳眼向上；左手收至右前臂内侧，掌心向右，指尖斜向上，目视前方。（图5-154）

图 5-152　　　　　图 5-153　　　　　图 5-154

22. 如封似闭

①身型、步法不变。左掌沿右腕下向前穿出，掌心向上，指尖向前；同时右拳外旋变掌，掌心向上，指尖向前，目视前方。（图 5-155）

②左腿蹬伸，右腿屈蹲，重心后移，同时双手向上翻转于胸前，与肩同宽，掌心向内，指尖斜向上；上动不停，双手继续向内翻转沉至腹前，掌心斜向前，指尖斜向上，目视前方。（图 5-156~157）

③随右腿蹬伸，重心前移，左腿屈膝成左弓步；同时双手向前推按，掌心向前，指尖向上，与肩同高，目视前方。（图 5-158）

图 5-155　　　　　　　　　　图 5-156

图 5-157　　　　　　　图 5-158

23. 十字手

①上体右转，左脚尖内扣落地踏实，左腿蹬直，右腿屈膝侧弓，重心移至右腿；同时，右手经面前向右划弧至身体右侧前方，掌心斜向外，指尖向上，目视右前方。（图 5-159）

②上动不停，上体微左转，右腿蹬伸，重心移至左腿，随之右脚收至左脚内侧，平行站立，身体自然直立，两脚与肩同宽；同时双手向下、向里弧形交叉抱于胸前，右手在外，掌心向内，指尖斜向左上方；左手在内，掌心向内，指尖斜向右上方，目视前方。（图 5-160~161）

图 5-159　　　　　图 5-160　　　　　图 5-161

24. 收势

①双手同时内旋转向左右平分，与肩同高、同宽，双臂微屈，掌心均向下，指尖均向前；随之双手同时由前向下轻按至两腿外侧，双臂微屈，掌心均向下，指尖均向前，目视前方。（图5-162~163）

②重心移至右腿，左脚跟提起，双手指尖向下，自然垂落，两掌指轻贴两腿外侧；同时，左脚收落于右脚内侧，成并步，目视前方。（图5-164）

图 5-162

图 5-163

图 5-164

附 录

1. 王宗岳太极拳论

太极者，无极而生，动静之机，阴阳之母也。动之则分，静之则合。无过不及，随屈就伸。人刚我柔谓之走，我顺人背谓之粘。动急则急应，动缓则缓随。虽变化万端，而理唯一贯。由着熟而渐悟懂劲，由懂劲而阶及神明。然非用力之久，不能豁然贯通焉。

虚领顶劲，气沉丹田，不偏不倚，忽隐忽现。左重则左虚，右重则右杳。仰之则弥高，俯之则弥深。进之则愈长，退之则愈促。一羽不能加，蝇虫不能落。人不知我，我独知人。英雄所向无敌，盖皆由此而及也。

斯技旁门甚多，虽势有区别，概不外壮欺弱、慢让快耳。有力打无力，手慢让手快，是皆先天自然之能，非关学力而有为也。察"四两拨千斤"之句，显非力胜。观耄耋御众之形，快何能为？

立如枰准，活似车轮，偏沉则随，双重则滞。每见数年纯功不能运化者，率皆自为人制，双重之病未悟耳。

欲避此病，须知阴阳：粘即是走，走即是粘。阴不离阳，阳不离阴，阴阳相济，方为懂劲。懂劲后，愈练愈精，默识揣摩，渐至从心所欲。

本是舍己从人，多误舍近求远。所谓差之毫厘，谬以千里，学者不可不详辨焉。是为论。

2. 打手歌

掤捋挤按须认真，上下相随人难进。
任他巨力来打吾，牵动四两拨千斤。
引进落空合即出，沾连粘随不丢顶。

3. 十三势行功歌

十三总势莫轻视，命意源头在腰隙。
变转虚实须留意，气遍身躯不稍滞。
静中触动动犹静，因敌变化示神奇。
势势存心揆用意，得来不觉费工夫。
刻刻留心在腰间，腹内松静气腾然。
尾闾正中神贯顶，满身轻利顶头悬。
仔细留心向推求，屈伸开合听自由。
入门引路须口授，功夫无息法自休。
若言体用何为准？意气君来骨肉臣。
详推用意终何在？益寿延年不老春。
歌兮歌兮百四十，字字真切义无疑。
若不向此推求去，枉费工夫遗叹惜！

4. 杨澄甫太极拳之练习谈

　　中国之拳术，虽派别众多，要知皆寓有哲理之技术。历来古人穷毕生之力，而不能尽其玄妙者，比比皆是，学者若费一目之功力，即得有一日之成效，日积月累，水到渠成。

　　太极拳，乃柔中寓刚，绵里藏针之艺术，于技术上、生理上、力学上，有相当之哲理存焉。故研究此道者，须经过一定之程序与相当之时日。虽良师之指导、好友之切磋，固不可少，而最重要者，是在逐日自身之锻炼。否则，谈论终日，思慕经年，一朝交手，空洞无物，依然是门外汉者，未有逐日功夫。古人所谓"终思无益，不如学也"。若能晨昏无间，寒暑不易，一经动念，即举摹练，无论老幼男女，及其成功一也。

　　近来研究太极拳者，由北而南，同志日增，不禁为武术前途喜。然同志中，专心苦练，诚心向学，将来不可限量者，固不乏人。但普通不免如于两途：一则天才既具，年力又强，举一反三，颖悟出群，惜乎稍有小成，便是知足，邋迤中辍，未能大受。其次急求速效，忽略而成，未经一载，拳、剑、刀、枪皆已学全。虽能依样画葫芦，而实际未得此中三昧，一经考究其方向动作，上下内外，皆未合度，如欲改正，则式式皆须修改，且朝经改正，而夕已忘却。故常闻人曰："习拳容易改拳难。"此语之由来，皆由速成而致此。如此辈者，以误传误，必致自误误人，最为技术前途忧者也。

太极拳开始，先练拳架。所谓拳架者，即照拳谱上各式名称，一式一式由师指教，学者悉心静气，默记揣摩，而照行之，谓之练架子。此时学者应注意内外上下：属于内者，即所谓用意不用力，下则气沉丹田，上则虚灵顶劲；属于外者，周身轻灵，节节贯串，由脚而腿而腰，沉肩曲肘等是也。初学之时，先此数句，朝夕揣摩，而体会之，一式一手，总需仔细推求，举动练习，务求正确。习练既纯，再求二式，于是逐渐而至于习完，如是则毋事改正，日久亦不致更变要领也。

习练运行时，周身骨节，均须松开自然。其一，口腹不可闭气；其二，四肢腰腿，不可起强劲。此二句，学内家拳者，类能道之，但一举动，一转身，或踢腿摆腰，其气喘矣，其身腰矣，其病皆由闭气与起强劲也。

一、摹练时头部不可偏侧与俯仰，所谓要"顶头悬"，若有物顶于头上之意，切忌硬直，所谓悬字意义也。目光虽然向前平视，有时当随身法而转移，其视线虽属空虚，亦为变化中一紧要之动作，而补身法手法之不足也。其口似开非开，似闭非闭，口呼鼻吸，任其自然。如舌下生津，当随时咽入，勿吐弃之。

二、身躯宜中正而不倚，脊梁与尾闾，宜垂直而不偏；但遇开合变化时，有含胸拔背、沉肩转腰之活动，初学时节须注意，否则日久难改，必流于板滞，功夫虽深，难以得益致用矣。

三、两臂骨节均须松开，肩应下垂，肘应不曲，掌宜微伸，手尖微曲，以意运臂，以气贯指，日积月累，内劲通灵，其玄妙自生矣。

四、两腿宜分虚实，起落犹似猫行。体重移于左者，则左实，而右腿谓之虚；移于右者，则右实，则左脚谓之虚。所谓虚者，非空，其势仍未断，而留有伸缩变化之余意存焉。所谓实者，确实而已，非用劲过分，用力过猛之谓。故腿曲至垂直为准，逾此谓之过劲，身躯前扑，即失中正姿势。

五、脚掌应分踢腿（谱上左右分脚或写左右起脚）与蹬腿二式，踢腿时则注意脚尖，蹬腿时则注意全掌，意到而气到，气到而劲自然到，但腿节均须松开平稳而出之。此时最易起强劲，身躯波折而不稳，发腿亦无力矣。

太极拳之程序，先练拳架（属于徒手），如太极拳、太极长拳；其次单手推挽、原地推手、活步推手、大捋、散手；再次则器械，如太极剑、太极刀、太极枪（十三枪）等是也。

练习时间，每日起床后两遍，若晨起无暇，则睡前两遍。一日之中，应练七八次，至少晨昏各一遍。但醉后，饱食后，皆宜避忌。

练习地点，以庭院与厅堂，能通空气，多光线者为相宜。忌阳光直射和烈风，以及有阴湿霉气之场所，因身体一经运动，呼吸定然深长，故烈风与霉气如深入腹中，有害于肺脏，易致疾病也。

练习之服装，以宽大之中服短装与阔头之布鞋为宜。习练经时，如遇出汗，切忌脱衣裸体，或行冷水揩抹，否则未有不罹疾病也。

5. 杨澄甫太极拳术十要

一、虚灵顶劲。顶劲者，头容正直，神贯于顶也。不可用力，用力则项强，气血不能流通，须有虚灵自然之意。非有虚灵顶劲，则精神不能提起也。

二、含胸拔背。含胸者，胸略内涵，使气沉于丹田也。胸忌挺出，挺出则气拥胸际，上重下轻，脚跟易于浮起。拔背者，气贴于背也。能含胸则自能拔背，能拔背则能力由脊发，所向无敌也。

三、松腰。腰为一身之主宰，能松腰，然后两足有力，下盘稳固。虚实变化，皆由腰转动，故曰：命意源头在腰隙。有不得力，必于腰腿求之也。

四、分虚实。太极拳术以分虚实为第一义。如全身皆坐在右腿，则右腿为实，左腿为虚；全身坐在左腿，则左腿为实，右腿为虚。虚实能分，而后转动轻灵，毫不费力。如不能分，则迈步重滞，自立不稳，而易为人所牵动。

五、沉肩坠肘。沉肩者，肩松开下垂也。若不能松垂，两肩端起，则气亦随之而上，全身皆不得力矣。坠肘者，肘往下松坠之意。肘若悬起，则肩不能沉，放人不远，近于外家之断劲矣。

六、用意不用力。太极拳论云：此全是用意不用力。练太极拳，全身松开，不使有分毫之拙劲，以留滞于筋骨血脉之间，以自缚束。然后能轻灵变化，圆转自如。或疑不用力，何以能长力？盖人身之有经络，如地之有沟。沟洫不塞而水行，经络不闭而气通。如浑身僵劲充满经络，气血停滞，转动不灵，牵一发而全身动矣。若不用力而用意，意之所至，气即至焉。如是气血流注，日日贯输，周流全身，无时停滞。久久练习，则得真正内劲。即太极拳论中所云：极柔软，然后能极坚刚也。太极功夫纯熟之人，臂膊如绵裹铁，分量极沉。练外家拳者，用力则显有力，不用力时，则甚轻浮。可见其力，乃外劲浮面之劲也。外家之力，最易引动，不足尚也。

七、上下相随。上下相随者，即太极拳论所云：其根在脚，发于腿，主宰于腰，形于手指，由脚而腿而腰，总须完整一气也。手动，腰动，足动，眼神亦随之动。如是方可谓之上下相随。有一不动，即散乱矣。

八、内外相合。太极拳所练在神。故云：神为主帅，身为驱使。精神能提得起，自然举动轻灵。架子不外虚实开合。所谓开者，不但手足开，心意与之俱开；所谓合者，不但手足合，心意亦与之俱合。能内外合为一气，则浑然无间矣。

九、相连不断。外家拳术，其劲乃后天之拙劲。故有起有止，有续有断，旧力已尽，新力未生，此时最易为人所乘。太极用意不用力，自始至终，绵绵不断，周而复始，循环无穷。拳论所谓"如长江大河，滔滔不绝"，又曰"运劲如抽丝"，皆言其贯串一气也。

十、动中有静。外家拳术，以跳掷为能，用尽气力，故练习之后，无不喘气者。太极以静御动，虽动犹静。故练架子愈慢愈好。慢则呼吸深长，气沉丹田，自无血脉偾张之弊。学者细心体会，庶可得其意焉。